Festliche Weihnachtsrezepte

KÖNEMANN

INHALT

Links: Panforte

Festliches Essen

Weihnachten findet nur einmal im Jahr statt, ein Umstand, für den die meisten Hobbyköche ungemein dankbar sind. Das Kochen für die Feiertage kann viel Arbeit bedeuten, aber auch einer der befriedigendsten Aspekte des Festes sein, wenn die sorgfältige Planung, Vorbereitung und Präsentation durch das Leuchten in den Augen der Gäste belohnt werden.

Das Weihnachtsessen muß etwas Besonderes sein, ob Sie nun einen Truthahn braten oder ein vegetarisches Mahl servieren. Verwöhnen Sie Ihre Familie und Gäste mit dem schönsten Geschirr, Besteck und Gläsern. Die Tafel sollte festlich geschmückt sein – ein Kranz aus Ilex oder Efeu, rote Kerzen und Goldbänder, aber auch eine Christrose oder einige glitzernd besprühte Tannenzapfen schaffen eine festliche Atmosphäre. Servieren Sie mindestens zwei Gänge (drei sind üblich), und reichen Sie zum Aperitif Knabberzeug oder kleine Appetithappen. Es sollte auch etwas Gebäck zum Kaffee nach dem Essen bereit stehen. Weihnachten ist nicht die Zeit für Sparsamkeit oder gar den Beginn einer Diät, scheuen Sie sich also nicht, großzügige Mengen vorzubereiten.

PLANUNG

Viele Bestandteile des Festmahls können schon am Vortag zubereitet werden. Dazu gehört zum Beispiel das Dressieren des Truthahns. Weihnachtskuchen und Weihnachtspuddinge werden sogar mit der Zeit immer besser und sollten mehrere Wochen im voraus zubereitet und an einem kühlen, dunklen Ort oder im Kühlschrank aufbewahrt werden, damit sich ihr Geschmack voll entfalten kann. Machen Sie sich das Leben leichter, indem Sie eine Vorspeise und ein Dessert wählen, die mehrere Tage vorher zubereitet werden können und am Tag selbst nur noch wenig Aufmerksamkeit verlangen. Einige Aufgaben, wie das Schärfen des Küchenmessers und das Bügeln der Tischdecke, sollten auch schon erledigt sein. Räumen Sie auch den Kühlschrank auf, und schaffen Sie Platz – Sie werden ihn brauchen. Es bleibt auch so noch genügend Arbeit übrig, teilen Sie sich Ihre Zeit also so sinnvoll wie möglich ein. Verschaffen Sie sich einen Überblick, wie lange etwa Vor- und Zubereitung eines jeden Ganges dauern. Das hilft Ihnen, die Reihenfolge der Arbeitsschritte festzulegen, zu denen das Vorheizen des Backofens ebenso zählt wie das Auftauen eingefrorener Speisen. Scheuen Sie sich nicht, um Hilfe zu bitten (betrachten Sie es einfach als ein weiteres Weihnachtsgeschenk für Sie) oder auch die Mikrowelle zu benutzen.

VORBEREITUNG DES BRATENS

Rindfleisch: Ein Stück Rindfleisch, wie zum Beispiel eine Keule, benötigt fast keine Vorbereitung. Entfernen Sie Fett und Sehnen. Bestreichen Sie das Fleisch

Das Fleisch gleichmäßig und fest mit Garn umwickeln.

mit ein wenig Öl, und würzen Sie es mit Salz und Pfeffer. Verschnüren Sie das Fleisch gleichmäßig mit Garn, damit es beim Garen seine Form behält. Nehmen Sie das Fleisch ruhig etwas früher aus dem Backofen, da es noch ein wenig weitergart, wenn es ruht. Decken Sie es mit Alufolie ab, nachdem Sie es aus dem Ofen genommen haben, und lassen Sie es ungefähr 10 Minuten so stehen (auf diese Weise kommen die Säfte zum Ruhen, und man verliert beim Aufschneiden nicht so viel davon). Entfernen Sie kurz vor dem Servieren das Garn, und schneiden Sie das Fleisch mit einem scharfen Messer auf.

Rindfleisch ist zwar kein traditionelles Weihnachtsgericht, aber zusammen mit einer Sauce béarnaise, Kartoffeln und grünem Gemüse ergibt Rind ein erlesenes Festmahl, insbesondere, wenn man nur eine kleine Anzahl von Gästen hat.

Truthahn: Traditionell verwendet man mindestens eine Füllung im Truthahn. Auf Seite 26 finden Sie eine Auswahl verschiedener Füllungen, auch für die Brust. Diese Füllungen bedeuten zwar etwas zusätzlichen Aufwand, sind aber eine Bereicherung für das oftmals trockene und etwas fade Fleisch.

Um den Hals eines Truthahns zu füllen, drehen Sie den Vogel auf die Brustseite und geben die Füllung in die Halsöffnung. Drehen Sie ihn wieder herum, lockern Sie die Haut um die Öffnung, schieben Sie die Füllung unter die Haut, und drücken Sie leicht darauf, um sie gleichmäßig zu verteilen. Falten Sie die Haut unter den Körper, und stecken Sie

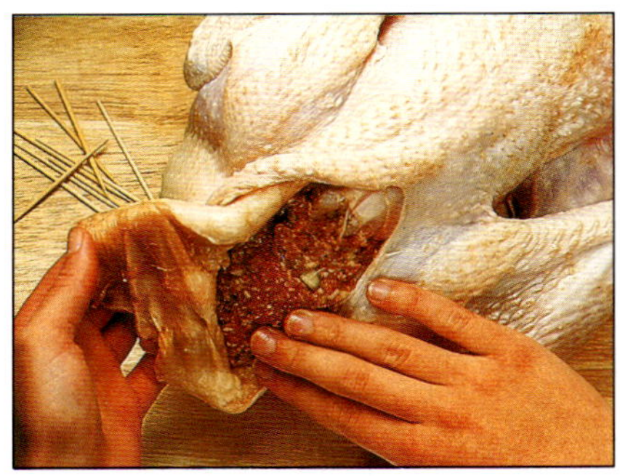

Den Truthahn auf die Brust drehen und die Füllung in die Halsöffnung schieben.

sie mit einem Holzspieß oder einer Geflügelnadel fest. Um das Körperinnere zu füllen, entfernen Sie den Hals und die Innereien (Sie können sie für eine Brühe verwenden) sowie Fett und überhängende Hautlappen. Spülen Sie das Innere unter kaltem Wasser ab, und tupfen Sie es mit Küchenpapier trocken. Geben Sie die Füllung ins Innere, aber lassen Sie noch Raum. Die Füllung dehnt sich während des Garens aus und kann dann auslaufen, wenn man zuviel genommen hat (man kann eine Scheibe Brot als

Füllung in den Truthahn geben, bis er zu etwa drei Vierteln gefüllt ist.

Stopfen über die Füllung geben). Binden Sie die Beine mit Garn zusammen, und stecken Sie die Flügel unter den Körper – auf diese Weise behält der

Durch das Zusammenbinden der Beine behält der Truthahn seine Form.

Truthahn seine Form. Der Weihnachtstruthahn wird traditionell heiß mit Preiselbeersauce, Bratensauce und Gemüse serviert. Man kann ihn aber auch warm (Raumtemperatur) mit Preiselbeersauce und verschiedenen Salaten reichen. Im Kühlschrank wird er trocken und verliert seinen Geschmack.

Schinken: Entfernen Sie zunächst die Schwarte. Schieben Sie den Daumen zwischen Schwarte und Fleisch, und lösen Sie sie soweit ab, daß Sie sie mit der anderen Hand anfassen können. Ziehen Sie die Schwarte vom dicken Ende her ab. Wenn sie noch 15 cm vom Knochen entfernt ist, schneiden Sie sie um den

Die Schwarte mit Hilfe des Daumens vom Schinken abziehen.

Knochen herum ab. Entfernen Sie dann überschüssiges Fett. Geben Sie den Schinken auf einen Grillrost in eine Fettpfanne mit 500 ml Wasser. Decken Sie ihn mit Alufolie ab, und braten Sie ihn wie angegeben (siehe Seite 28).

Der Schinken brät am besten auf einem Grillrost in einer wassergefüllten Form.

Nehmen Sie den Schinken eine halbe Stunde vor dem Ende der Garzeit aus dem Backofen, und entfernen Sie die Folie. Schneiden Sie den Schinken mit einem scharfen Fleischmesser in Ab-

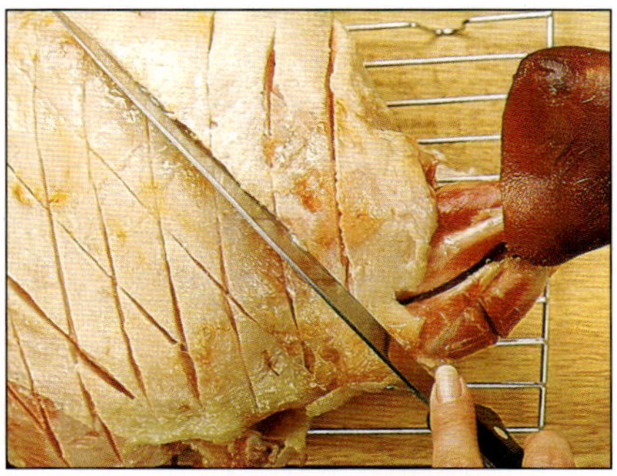

Die Außenseite des Schinkens kreuzförmig einschneiden.

ständen von etwa 2 cm kreuzförmig ein, so daß ein Rautenmuster entsteht. Bestreichen Sie ihn dick mit der Glasur (Rezepte siehe Seite 29), und spicken Sie ihn mit Gewürznelken. Geben Sie den Schinken, ohne ihn abzudecken, bei etwas höherer Temperatur weitere

Den Schinken großzügig mit Glasur bestreichen.

30 Minuten in den Backofen. Ein heißer, glasierter Schinken mit Senf und gebackenem Gemüse ergibt ein fantastisches Festmahl. Der Schinken ist im heißen Zustand viel saftiger, aber wenn Sie ihn schon im voraus zubereiten wollen (vielleicht auf dem Holz-

Den Schinken mit Gewürznelken spicken – etwa eine pro Raute.

kohlegrill), schmeckt er auch bei Raumtemperatur mit Senf, Preiselbeersauce, Kartoffelsalat und einem großen gemischten grünen Salat.

Ein mittelgroßer Schinken von ca. 6 kg Gewicht reicht für 20 Personen. Mit einem trockenen Tuch umwickelt, hält sich ein Schinken bis zu einem Monat im Kühlschrank frisch.

Tranchieren

Truthahn: Man sollte einen Truthahn vor dem Tranchieren immer 15–20 Minuten stehen lassen, damit sich die Säfte setzen können (decken Sie ihn mit Alufolie ab, damit er nicht auskühlt). Verwenden Sie zum Tranchieren eines Truthahns ein scharfes Tranchiermesser und eine Fleischgabel, um den Vogel damit zu halten. Führen Sie möglichst saubere und durchgehende Schnitte aus.
Schneiden Sie zunächst über dem Beingelenk ein, und lösen Sie das Fleisch vom Knochen.
Neigen Sie den Truthahn ein wenig, um den Winkel zwischen Bein und Brust einsehen zu können. Schneiden Sie von oben durch Haut und Fleisch bis zum Gelenk. Trennen Sie das Bein aus der Gelenkpfanne, und schneiden Sie weiter, bis das Bein gelöst ist. Legen Sie es auf das Schneidebrett. Durchtrennen Sie das Fleisch über dem Flügel, bis dieser sich ablösen läßt. Trennen Sie den Ober- vom Unterschenkel, indem Sie durch das Gelenk schneiden. Servieren Sie die Beine je nach Größe und Vorliebe ganz oder aufgeschnitten. Schneiden Sie die Brust von der Oberseite her schräg in gleich dicke Scheiben.
Tranchieren Sie die andere Hälfte des Truthahns auf die gleiche Weise. Das Brustbein läßt sich entfernen, indem man die Sehnen auf beiden Seiten durchtrennt. Servieren Sie jeweils einen Teil des Beins mit einem Teil des Brustfleischs und einer Portion der Füllung. Wenn der Truthahn über eine Brustfüllung verfügt, schneiden Sie sie mit dem Brustfleisch zusammen auf, aber servieren Sie die Füllung separat.

Den Truthahn mit einer Fleischgabel halten und das Hüftgelenk durchtrennen.

Nach dem Abtrennen des Beins das Fleisch um den Flügel lösen.

Den Oberschenkel am Gelenk vom Unterschenkel trennen.

Die Brust schräg in dünne, gleichmäßige Scheiben schneiden.

Schinken: Umfassen Sie den Knochen fest mit einem sauberen Küchentuch oder einer Serviette. Verwenden Sie ein Schinkenmesser oder das schärfste

Das Fleisch über dem Gelenk bis zum Knochen durchschneiden.

Fleischmesser, über das Sie verfügen, und schärfen Sie es vorher. Halten Sie den Knochen fest, und schneiden Sie etwa

Das erste Stück Schinken mit einem zweiten Schnitt ablösen.

10 cm über dem Gelenk in das Fleisch. Führen Sie einen zweiten Schnitt schräg zum ersten, und lösen Sie so das erste Stück Schinken ab.

Das Messer am Knochen entlangführen, um die Scheiben zu lösen.

Schneiden Sie das Fleisch in mehreren dünnen Scheiben bis zum Knochen durch. Führen Sie das Messer am Knochen entlang, um die Scheiben abzulösen. Heben Sie die Scheiben mit der flachen Seite des Messers ab, und arrangieren Sie sie appetitlich auf einem Vorlegeteller.

Einige Weihnachtsbräuche

Wir stellen in diesem Buch Weihnachtsgebäck aus ganz Europa vor. Man verwendet hierzu oftmals nur die besten Zutaten, zum Beispiel Obstbrand und getrocknete Früchte in Hülle und Fülle, denn die Betonung liegt ja auf Reichhaltigkeit und Feiern. Für die Engländer wird Weihnachten durch den Weihnachtskuchen oder Weihnachtspudding (Rezepte Seite 14 und 15 und im Textkasten rechts) charakterisiert, während das Symbol in Frankreich der Bûche de Noël (Rezept Seite 34) ist.
Nahezu jedes Land verfügt über ein besonderes Weihnachtsbrot. In Tschechien und der Slowakei ist es der Vañocka-Zopf, ein süßer Brotlaib mit Rosinen und Mandeln, vergleichbar mit dem deutschen Stollen (siehe Rezept Seite 35). In Schweden bereiten die Bäcker das Saffansbröd zu – ein mit Safran gewürztes Brot, das man am 13. Dezember zum Frühstück ißt. Italiens berühmtester Brotkuchen ist der Panettone (siehe Rezept Seite 38), eine ursprünglich für die Weihnachtszeit vorgesehene Spezialität, die man aber heutzutage häufig schon ganzjährig in Cafés und Feinkostgeschäften findet.
Kuchen und Brot eignen sich schön verpackt hervorragend als Geschenke. Auf Seite 62 finden Sie einige Vorschläge für Dekorationen und Verpackungen.
Man kann Gebäck auch zum Schmücken des Baums verwenden. Farbenfrohe Süßigkeiten wie Zuckerstangen und glasierte Äpfelchen sind ein Baumschmuck, den man selbst herstellen kann. Wenn Sie Gebäck wie die Weihnachtsbaumplätzchen (siehe Rezept Seite 59) backen, stechen Sie mit einem Holzspieß ein Loch in den Teigrand. Fädeln Sie dann ein Band durch den gebackenen Keks, und hängen Sie ihn daran in den Baum. Früher wurden Christbäume traditionell mit Süßigkeiten geschmückt und bis zum 6. Januar stehen gelassen. Der eßbare (und wahrscheinlich etwas altbackene) Schmuck bot dann Trost bei der Entsorgung des Baums.

Pudding kochen

Im Grunde genommen ist das Puddingkochen ganz einfach:
Fetten Sie die Puddingform mit Öl oder zerlassener Butter ein, und legen Sie den Boden mit Backpapier aus. Fetten Sie ein großes Stück Alufolie ein. Legen Sie ein großes Blatt Backpapier auf die eingefettete Folie, und kneifen Sie eine Falte in die Mitte. Füllen Sie die Puddingmischung in die vorbereitete Form. Decken Sie die Form mit der eingefetteten Folie und dem Papier (Papier zuunterst) ab. Verschließen Sie den Deckel mit den Klammern, und sichern Sie diese mit Garn. Haben Sie keinen Deckel, so decken Sie ein gefaltetes Küchentuch über die Folie und binden es mit Garn fest. Knoten Sie die Zipfel des Tuchs zusammen (sie dienen als Griff, mit dessen Hilfe die Form in den Topf gesenkt wird).
Stellen Sie die Form auf einen umgedrehten Teller in einem tiefen Topf, der zur Hälfte mit heißem Wasser gefüllt wird. Bringen Sie das Wasser zum Kochen, und decken Sie den Topf zu. Überprüfen Sie gelegentlich den Wasserstand, und füllen Sie bei Bedarf kochendes Wasser nach.

Die Puddingform einfetten und mit Backpapier auslegen.

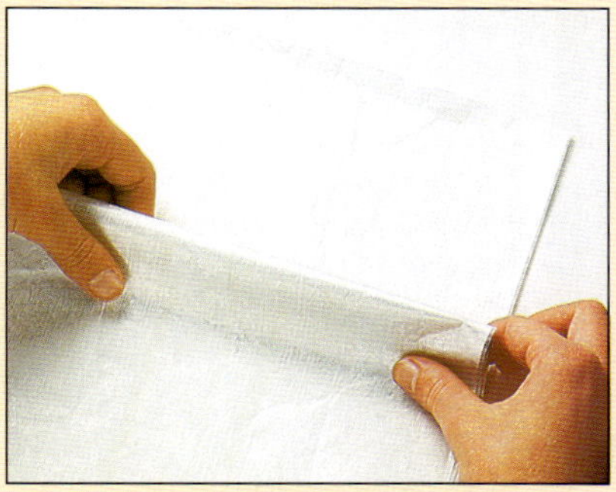

Das Papier auf die Folie legen; in die Mitte eine Falte kneifen.

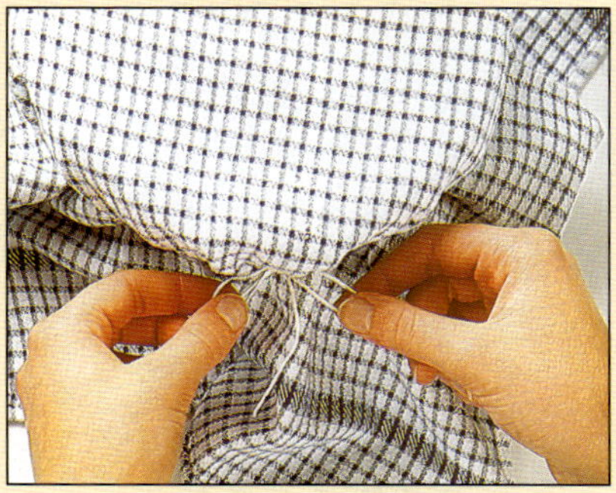

Das Handtuch mit Garn um den Rand der Form festbinden.

Wasser in den Topf geben; regelmäßig überprüfen und nachfüllen.

Hühnerpastete mit Pilzen

300 g Hühnerleber • 125 g Butter • 200 g Champignons, grobgehackt • 1 mittelgroße Zwiebel, gehackt • 2 Knoblauchzehen, zerdrückt • 2 EL Branntwein • 3 EL Sahne • Salz und Pfeffer, nach Geschmack
Für 8–10 Personen

DIE LEBER von Sehnen befreien. Die Butter in einer großen gußeisernen Pfanne zerlassen und Leber, Champignons, Zwiebel und Knoblauch bei mittlerer Temperatur anbraten, bis die Leber gerade gar und die Zwiebel weich ist. Mit Branntwein ablöschen, zum Kochen bringen und 4–5 Minuten köcheln lassen. Vom Herd nehmen und leicht abkühlen lassen.
DIE MISCHUNG in die Küchenmaschine geben und 20–30 Sekunden glattpürieren. Die Sahne zugeben und weitere 10 Sekunden pürieren. Mit Salz und Pfeffer abschmecken.
DIE MISCHUNG in eine Servierschüssel geben, mit Frischhaltefolie abdecken und über Nacht in den Kühlschrank stellen. Mit Crackern oder Toast Melba servieren.
HINWEIS: Für Toast Melba die Kruste von mehreren Weißbrotscheiben abschneiden. Die Scheiben mit der Teigrolle flachdrücken und in Dreiecke schneiden. Im auf 180 °C vorgeheizten Backofen 5–10 Minuten knusprig und hellgolden backen.
Die Pastete ist in einem luftdicht schließenden Gefäß bis zu 1 Woche haltbar.

Pikante Nüsse

2 EL Olivenöl • 1/2 TL gemahlener Kreuzkümmel • 1/2 TL gemahlener Koriander • 1/2 TL Knoblauchpulver • 1/4 TL Chilipulver • 1/4 TL gemahlener Ingwer • 1/4 TL gemahlener Zimt • 80 g Pekannüsse • 80 g ungesalzene Cashewkerne • 190 g ganze Mandeln • Salz, nach Geschmack
Für 6 Personen

DEN BACKOFEN auf 150 °C vorheizen. Öl in einer gußeisernen Pfanne erhitzen und Kreuzkümmel, Koriander, Knoblauchpulver, Chilipulver, Ingwer und Zimt 2 Minuten bei geringer Hitze verrühren, bis sich das Aroma entfaltet.
VOM HERD NEHMEN und die Nüsse sorgfältig unter die Gewürzmischung heben.
DIE GEWÜRZTEN NÜSSE auf einem großen Backblech ausbreiten und im Ofen 15 Minuten goldbraun rösten. Salzen und abkühlen lassen.

Garnelensalat

*1 Kopfsalat • 1,5 kg mittelgroße Garnelen, gekocht • Zitronenscheiben und Dillzweige, zum Garnieren • **Dressing:** 200 ml Mayonnaise • 4 EL Sahne • 1 TL Worcestersauce • 60 g Tomatensauce • Tabascosauce, nach Geschmack*
Für 6 Personen

DEN SALAT zerpflücken, waschen und gründlich trocknen. Die Garnelen schälen, ohne die Schwänze zu entfernen. Die Salatblätter auf Tellern anrichten und mit Garnelen, Zitronenscheiben und Dillzweigen belegen.
DRESSING: Mayonnaise, Sahne und Saucen in einer kleinen Rührschüssel miteinander vermischen, jeweils einen Löffel Dressing an den Rand des Tellers geben und sofort servieren.

Von links nach rechts: Hühnerpastete mit Pilzen, Pikante Nüsse, Garnelensalat

Huhn mit Schinkenfüllung

3 Scheiben Schinkenspeck, feingehackt • 6 Scheiben Weißbrot, ohne Kruste • 3 Frühlingszwiebeln, feingehackt • 2 EL gehackte Walnüsse • 1 EL gehackte Sultaninen • 12 g Petersilie, feingehackt • 1 Ei, leicht geschlagen • 3 EL Milch • Salz und Pfeffer, nach Geschmack • 1,6 kg Huhn • 40 g Butter, zerlassen • 1 EL Öl • 1 EL Worcestersauce • 375 ml Wasser • 1 EL Mehl • Salz und Pfeffer, nach Geschmack

Für 6 Personen

DEN BACKOFEN auf 210 °C (Gasherd: 190 °C) vorheizen. Den Schinkenspeck 5 Minuten in einer Pfanne bei mittlerer Temperatur knusprig anbraten. Das Brot in kleine Würfel schneiden und in eine Schüssel geben. Schinkenspeck, Frühlingszwiebeln, Walnüsse, Sultaninen, Petersilie und die mit dem Ei verschlagene Milch hinzugeben. Mit Salz und Pfeffer abschmecken und gut vermischen.

DAS HUHN von Innereien und Fett säubern, abwaschen und mit Küchenpapier trockentupfen. Die Füllung ins Innere geben und die Öffnung mit einem Holzspieß oder einem Zahnstocher verschließen. Die Beine mit Garn zusammenbinden und die Flügel unter dem Körper einstecken. Das Huhn mit Salz und Pfeffer einreiben.

DAS HUHN auf einen Grillrost über einer tiefen Fettpfanne legen und mit der mit Öl und Worcestersauce vermischten Butter bestreichen. Die restliche Buttermischung und die Hälfte des Wassers in die Fettpfanne gießen und das Huhn 1 Stunde 15 Minuten goldbraun und zart braten, dabei hin und wieder mit Bratensaft übergießen. Vor dem Tranchieren das Huhn auf einem Servierteller locker mit Alufolie bedeckt 5 Minuten an einem warmen Ort ruhen lassen.

SAUCE: Die Fettpfanne auf die Herdplatte stellen. Mehl zum Bratensaft geben und bei geringer Hitze 5 Minuten unablässig rühren, bis die Sauce glatt ist und anbräunt. Das restliche Wasser hinzugeben und rühren, bis die Sauce aufkocht und andickt. Würzen und durch ein Sieb in eine Sauciere passieren.

Golden gebackenes Gemüse

6 mittelgroße Kartoffeln • 90 g Butter, zerlassen • 3 EL Olivenöl • 6 kleine Zwiebeln • 750 g Kürbis, geschält • 6 junge Möhren
Für 6 Personen

DEN BACKOFEN auf 210 °C (Gasherd: 190 °C) vorheizen. Die Kartoffeln schälen und halbieren. 5 Minuten kochen lassen, dann abgießen und mit Küchenpapier trockentupfen. Die Oberfläche mit einer Gabel rundherum einritzen.
DIE KARTOFFELN auf ein Backblech geben und großzügig mit der mit Öl vermischten Butter bestreichen. 20 Minuten backen.
IN DER ZWISCHENZEIT die Zwiebeln schälen und den Boden glatt abschneiden. Den Kürbis in 6 gleich große Teile schneiden und die Möhren putzen. Zu den Kartoffeln in die Form geben und mit der Buttermischung bestreichen. 20 Minuten backen, erneut bestreichen und weitere 15 Minuten backen.

Sauer glasierte Bohnen

250 g grüne Bohnen • 30 g Butter • 1 TL feingeriebene Zitronenschale • 1 EL Zitronensaft • 1 EL Honig
Für 6 Personen

DIE BOHNEN putzen und kochen, dämpfen oder in der Mikrowelle garen, bis sie zart und leuchtend grün sind; abgießen.
BUTTER, Zitronenschale, Zitronensaft und Honig in einen kleinen Topf geben und rühren, bis die Butter zerlassen ist und die Zutaten sich vermischt haben.
DIE BOHNEN in den Topf geben und 2 Minuten bei geringer Hitze rühren, bis sie vollständig mit der Buttermischung überzogen und heiß sind. Sofort servieren.

Von links nach rechts: Huhn mit Schinkenfüllung, Sauer glasierte Bohnen, Golden gebackenes Gemüse

Hühnchen-Mango-Salat

4 Hühnerbrustfilets • 1 EL Olivenöl • 1 roter Eichblattsalat • 1 große Avocado, geschält und in Scheiben geschnitten • 2 mittelgroße Mangos, geschält und in Scheiben geschnitten • 1 mittelgroße Gemüsezwiebel, geschält und in Streifen geschnitten • ***Dressing:*** *3 EL Olivenöl • 2 EL Estragonessig • 1 TL französischer Senf • Salz und Pfeffer, nach Geschmack*
Für 4 Personen

DIE HÜHNERBRUSTFILETS von Fett und Sehnen säubern. Öl in einer großen Pfanne erhitzen und die Filets 7 Minuten von jeder Seite braten, bis sie goldbraun und zart sind. Abkühlen lassen.
DIE SALATBLÄTTER waschen, trocknen und auf Tellern anrichten. Die Filets in Streifen schneiden und mit Avocado, Mangos und Zwiebel auf den Salatblättern arrangieren. Mit dem Dressing beträufeln.
DRESSING: Öl, Essig, Senf, Salz und Pfeffer in ein kleines Schraubglas geben und durch Schütteln miteinander vermischen.

Von links nach rechts: Hühnchen-Mango-Salat, Waldorfsalat, Salat Cäsar

Waldorfsalat

3 mittelgroße rote Äpfel • 2 mittelgroße grüne Äpfel • 2 EL Zitronensaft • 2 Selleriestangen, in Scheiben geschnitten • 30 g Walnüsse • ***Dressing:*** *60 g Mayonnaise • 1 EL saure Sahne • 2 EL französisches Dressing*
Für 6 Personen

DIE ÄPFEL vierteln, entkernen und in Scheiben schneiden. In Zitronensaft wälzen, damit sie nicht braun werden. In einer Schüssel mit dem Sellerie und den Walnüssen vermengen.
DRESSING: Mayonnaise, saure Sahne und französisches Dressing gründlich miteinander vermischen. Über den Salat geben und gut unterheben.
HINWEIS: Der Waldorfsalat kann bis zu 2 Stunden vor dem Servieren zubereitet und mit Frischhaltefolie abgedeckt im Kühlschrank aufbewahrt werden.

Salat Cäsar

4 Brotscheiben • 2 EL Öl • 8 Scheiben Schinkenspeck, gehackt • 1 Römischer Salat, Blätter zerpflückt • 65 g Parmesan, gerieben • ***Dressing:*** *1 Ei • 4 EL Öl • 2 TL Weißweinessig • 3 TL Dijonsenf • 1 Sardellenfilet, abgetropft und gehackt • 1 Knoblauchzehe, zerdrückt*
Für 6 Personen

DEN BACKOFEN auf 210 °C (Gasherd: 190 °C) vorheizen. Die Brotkruste abtrennen und das Brot in kleine Würfel schneiden. Auf ein Backblech geben und 10 Minuten unter gelegentlichem Wenden goldbraun rösten.
ÖL IN EINER PFANNE erhitzen und den Schinkenspeck 3 Minuten bei mittlerer Temperatur unter Rühren knusprig anbraten. Auf Küchenpapier abtropfen lassen. Brot, Schinkenspeck, Salat und Käse in eine Salatschüssel geben. Das Dressing zufügen und gut durchmischen.
DRESSING: Das Ei in einem Topf mit kochendem Wasser 1 Minute kochen. Öl, Essig, Senf, Sardellenfilet und Knoblauch in die Küchenmaschine geben, das Ei hinzufügen und 1 Minute pürieren.

Englischer Weihnachtspudding

Öl oder zerlassene Butter • 700 g Trockenobstmischung • 200 g Pflaumen, entkernt und gehackt • 350 g Rosinen • 200 g Korinthen • 100 g getrocknete Feigen, gehackt • 125 ml Whisky • 1 EL Sirup • 185 g brauner Zucker • 4 Eier, leicht geschlagen • 250 g Butter, zerlassen • 250 g Mehl • 1/2 TL Backpulver • 2 TL gemahlener Zimt • 2 TL gemahlene Muskatnuß • 1 TL gemahlener Ingwer • Vanillesauce, zum Servieren

Für 12 Personen

EINE PUDDINGFORM (mit 2,5 l Fassungsvermögen) mit Öl oder zerlassener Butter einfetten und den Boden mit Backpapier auslegen. Ein großes Stück Alufolie einfetten und mit Backpapier belegen; in die Mitte eine große Falte kneifen.

DAS GESAMTE OBST in eine Schüssel geben, mit Whisky übergießen und gut verrühren. Zudecken und 2 Stunden bei Raumtemperatur ziehen lassen. Sirup, Zucker und Eier zugeben und gut vermischen. Butter, gesiebtes Mehl und Gewürze einrühren und gut vermengen, aber nicht zu stark schlagen.

DIE MISCHUNG in die vorbereitete Puddingform füllen und mit Folie und Papier (Papier zuunterst) abdecken. Den Deckel aufsetzen und mit den Klammern verschließen. Ist kein Deckel vorhanden, die Form mit einem Küchentuch abdecken und das Tuch mit Garn festbinden. Die vier Zipfel des Tuchs miteinander verknoten, um einen Griff zu erhalten.

DIE PUDDINGFORM auf einen umgedrehten Teller in einem Topf stellen und diesen zur Hälfte mit heißem Wasser auffüllen. Zudecken und 4 Stunden köcheln lassen. Regelmäßig den Wasserstand überprüfen und bei Bedarf kochendes Wasser nachfüllen. Vom Herd nehmen und abkühlen lassen. Wenn der Pudding vollständig ausgekühlt ist, fest mit Frischhaltefolie umwickeln und bis zu 6 Wochen in den Kühlschrank stellen. Zum Aufwärmen 1 Stunde im Topf kochen lassen. Mit Vanillesauce servieren.

Traditioneller Früchtekuchen

Öl oder zerlassene Butter • 1 kg Trockenobstmischung • 280 g getrocknete Datteln, gehackt • 160 g getrocknete Aprikosen, gehackt • 1/2 Tasse kandierte Fruchtschalenmischung • 1/2 Tasse kandierte Früchte, gehackt • 200 ml Branntwein • 250 g Butter • 185 g brauner Zucker • 5 Eier • 230 g Mehl • 1/2 TL Backpulver • 1 TL gemahlener Zimt • 1 TL Gewürzmischung (Zimt, Muskat, Koriander etc.)

Ergibt einen Kuchen mit 24 cm Ø

DEN BACKOFEN auf 150 °C vorheizen. Eine Kuchenform (24 cm Ø) mit Öl oder zerlassener Butter einfetten. Den Boden und die Seiten mit einer doppelten Lage Backpapier auslegen. Trockenobstmischung, Datteln, Aprikosen, Fruchtschalenmischung, kandierte Früchte und Branntwein in eine Schüssel geben, mit Frischhaltefolie abdecken und mindestens 4 Stunden bei Raumtemperatur ziehen lassen.

BUTTER UND ZUCKER in einer kleinen Schüssel mit dem elektrischen Handrührgerät leicht und cremig schlagen. Nach und nach die Eier hinzugeben und nach jeder Zugabe gründlich schlagen.

DEN EISCHNEE in eine große Schüssel füllen, die Früchte hinzugeben und verrühren. Mit einem Metallöffel das gesiebte Mehl und die Gewürze unterheben. Nicht zu stark schlagen.

DIE MISCHUNG in die Backform füllen und die Oberfläche glattstreichen. 3 Stunden fest und goldbraun backen. Vollständig in der Form auskühlen lassen. Aus der Form stürzen und fest in Frischhaltefolie verpacken. Der Kuchen läßt sich bis zu 3 Monaten luftdicht verschlossen im Kühlschrank aufbewahren.

Süße Saucen

Weinbrandbutter

250 G WEICHE BUTTER und 190 g Puderzucker mit dem elektrischen Handrührgerät glatt und cremig verschlagen. Nach und nach 3 EL Weinbrand zugeben und nach jeder Zugabe gründlich schlagen. Bis zum Servieren in den Kühlschrank stellen.
Für 8–10 Personen

Likörsauce

JE 1/4 TASSE VANILLEPUDDINGPULVER und feinen Zucker in einer Schüssel miteinander vermischen. 3 EL Milch zufügen und zu einer glatten Paste verrühren. 300 ml Milch in einem kleinen Topf erhitzen und die Mischung hinzugeben. 3–4 Minuten bei geringer Hitze rühren, bis die Sauce dick und glatt ist. Vom Herd nehmen, abkühlen lassen. 3 EL Likör wie Grand Marnier oder Liqueur Muscat hinzugeben und gründlich verrühren. 300 ml Sahne leicht schlagen und unter die Sauce ziehen. Bis zum Servieren im Kühlschrank aufbewahren.
Für 8 Personen

Süße Weinbrandsauce

500 ML SAHNE in einem mittelgroßen Topf zum Kochen bringen. 4 Eigelb und 125 g feinen Zucker in einer Schüssel leicht und cremig schlagen. Nach und nach unter ständigem Rühren die heiße Sahne hinzugießen. Die Mischung wieder in den Topf geben und 5–6 Minuten bei sehr geringer Temperatur rühren, bis sie leicht andickt; nicht kochen lassen. Vom Herd nehmen und 3 EL Weinbrand einrühren.
Für 8 Personen

Vanillesauce

4 EIGELB und 60 g Zucker 2 Minuten in einer mittelgroßen Schüssel leicht und cremig schlagen. 375 ml Milch bis kurz vor dem Kochen erhitzen, dann langsam unter ständigem Rühren die Eimischung hinzugießen. 5 Minuten bei sehr geringer Hitze rühren, bis die Sauce andickt; nicht kochen lassen. Vom Herd nehmen und 2–3 Tropfen Vanillearoma einrühren.
Für 6–8 Personen

Schnelle Weinbrandsauce

600 ML TAFELFERTIGE PUDDINGSAUCE in eine mittelgroße Schüssel füllen und 3 EL Weinbrand einrühren. 300 ml Sahne steif schlagen und vorsichtig unter die Sauce ziehen. Bis zum Servieren in den Kühlschrank stellen. Vor dem Servieren mit Muskat bestreuen.
Für 8 Personen

Eiscremesauce

250 ML SAHNE steif schlagen. 500 ml gute Vanilleeiscreme in eine Schüssel füllen und rühren, bis sie weich, aber nicht flüssig ist. Die Sahne unter die Eiscreme ziehen, 1 EL Grand Marnier (oder einen anderen Likör) zugeben und sofort servieren.
Für 8 Personen

Von links nach rechts: Likörsauce, Weinbrandbutter, Vanillesauce, Süße Weinbrandsauce, Schnelle Weinbrandsauce, Eiscremesauce

Eiscremepudding

165 g Rosinen, gehackt • 80 g Sultaninen • 80 g Korinthen • 80 g rote kandierte Kirschen, halbiert • 80 g getrocknete Aprikosen, gehackt • 2 TL feingeriebene Orangenschale • 2 EL Orangensaft • 2 EL Weinbrand • 125 ml Sahne • 2 l weiche Vanilleeiscreme • frisches Obst, zum Servieren
Für 6 Personen

EINE KASTENFORM mit zwei Lagen Frischhaltefolie ausschlagen. Früchte, Orangenschale, Saft und Weinbrand in eine mittelgroße Schüssel geben, mit Frischhaltefolie abdecken und 2 Stunden bei Raumtemperatur ziehen lassen.
FRÜCHTEMISCHUNG und Sahne in einer großen Schüssel unter die Eiscreme ziehen und dann in die vorbereitete Form füllen. Mit zusätzlicher Frischhaltefolie fest abdecken und über Nacht in das Gefrierfach stellen.
DIE ABDECKUNG von der Form entfernen und die Folie von den Wänden lösen. Die Eiscreme auf einen Vorlegeteller stürzen und die Form abnehmen. Die Folie entfernen und die Oberfläche mit einem nassen, flachen Messer glattstreichen. Mit frischem Obst servieren.
HINWEIS: Sie können jede Kombination von Trockenobst verwenden.

Fruit Mince Pies

Butter, zerlassen • 250 g Mehl • 80 g Puderzucker • 150 g Butter • 2–3 EL eiskaltes Wasser • 1 1/4 Tassen englisches Fruit Mince (siehe Hinweis) • 1 Eiweiß, leicht geschlagen • Zucker, zum Bestäuben

Ergibt 24 Stück

Den Backofen auf 180 °C vorheizen. 2 Muffinbleche mit je 12 Vertiefungen mit zerlassener Butter einfetten.

Mehl, Zucker und Butter in der Küchenmaschine zu einem feinen und krümeligen Teig verarbeiten. Fast das gesamte Wasser hinzugeben und rühren, bis die Zutaten vermischt sind; bei Bedarf mehr Wasser hinzufügen. Auf einer leicht bemehlten Arbeitsfläche zu einem glatten Teig verkneten. Den Teig halbieren. Eine Hälfte ausrollen, 24 Kreise ausstechen und in die Vertiefungen der Muffinbleche geben. Das Fruit Mince darauf verteilen.

Den restlichen Teig ausrollen und mit dem gleichen Ausstecher weitere 24 Kreise ausstechen. Mit einem kleineren Ausstecher Figuren aus der Mitte der Kreise ausstechen. Die Kreise auf die gefüllten Plätzchen legen und die Ränder festdrücken. Mit leicht geschlagenem Eiweiß bestreichen und mit Zucker bestäuben. 30 Minuten hellgolden backen.

Hinweis: Für ein selbstgemachtes englisches Fruit Mince je 1/3 Tasse feingehackte Rosinen und braunen Zucker, je 1/4 Tasse gehackte Sultaninen und Fruchtschalenmischung, je 1 EL Korinthen und gehackte Mandeln, 1 kleinen geriebenen Apfel, 1 TL Zitronensaft, je 1/2 TL feingeriebene Orangenschale, Zitronenschale und Gewürzmischung, 1 Prise Muskat, 25 g zerlassene Butter und 1 EL Weinbrand miteinander vermischen. In ein steriles Schraubglas füllen und bis zu 3 Monaten an einem kühlen, dunklen Ort aufbewahren. Dieses Rezept ergibt etwa 1 1/4 Tassen.

Früchtetrüffel

250 g fertiger Früchtekuchen • 100 g Zartbitterschokolade, gehackt • 30 g Butter • 1 EL Sahne • 1 EL Rum • Kokosflocken, Kakaopulver oder feingehackte Nüsse, zum Überziehen
Ergibt etwa 25 Trüffel

DEN KUCHEN in einer Schüssel zerkrümeln. Schokolade, Butter und Sahne im köchelnden Wasserbad verrühren, bis die Schokolade geschmolzen und die Mischung glatt ist.
DIE SCHOKOLADENMISCHUNG über den Früchtekuchen gießen und den Rum zufügen. Miteinander verrühren und in den Kühlschrank stellen, bis die Mischung fest, aber noch geschmeidig ist.
JEWEILS EINEN GEHÄUFTEN TEELÖFFEL der Mischung zu einer Kugel rollen und in einem Überzug nach Wunsch wälzen. Die Trüffel in Papierschälchen oder auf ein mit Alufolie ausgeschlagenes Tablett setzen und im Kühlschrank fest werden lassen.

Kandierte Früchte mit Schokolade

250 g gemischte kandierte Früchte • 75 g dunkle Schokolade • 75 g weiße Schokolade
Ergibt etwa 15 Stück

EIN BACKBLECH mit Backpapier auslegen und jede kandierte Frucht in 2–3 gleich große, mundgerechte Stücke schneiden. Die dunkle Schokolade im Wasserbad schmelzen. Abkühlen lassen. Mit der weißen Schokolade ebenso verfahren.
JEDES FRUCHTSTÜCK zur Hälfte entweder in die dunkle oder die weiße Schokolade tauchen und auf dem vorbereiteten Tablett fest werden lassen. In einem luftdicht schließenden Gefäß aufbewahren.

Von links nach rechts: Früchtetrüffel, Kandierte Früchte mit Schokolade, Schoko-Nuß-Würfel

Schoko-Nuß-Würfel

1 Tasse gehackte Pistazien • 250 g dunkle Schokolade • 250 g Zartbitterkuvertüre • 1 Dose (400 ml) Kondensmilch • 65 g Butter
Ergibt 54 Würfel

DEN BACKOFEN auf 180 °C vorheizen. Den Boden und die Seiten eines quadratischen Kuchenblechs (20 cm^2) mit Alufolie auslegen. Die Pistazien in einer Lage auf einem Backblech ausbreiten und 5–7 Minuten leicht rösten.
SCHOKOLADE, Kuvertüre, Kondensmilch und Butter in einem kleinen Topf bei geringer Hitze verrühren, bis die Schokolade geschmolzen und die Mischung glatt ist.
DIE PISTAZIEN in die Schokoladenmischung einrühren, die Mischung auf das vorbereitete Kuchenblech gießen und die Oberfläche glattstreichen. 1 Stunde im Kühlschrank fest werden lassen, dann in Würfel schneiden.

Blini mit Räucherlachs

65 g Mehl • 1/2 TL Backpulver • 15 g Butter, zerlassen • 1 Ei, leicht geschlagen • 4 EL Milch • 1/2 TL feingeriebene Zitronenschale • 30 g Butter, zusätzlich • 2 EL weicher Frischkäse • 100 g Räucherlachs, in Scheiben • Dillzweige, zum Garnieren
Für 8–10 Personen

DAS MEHL in eine Schüssel sieben. Eine Mulde in die Mitte drücken und das Backpulver sowie die mit Ei, Milch und Zitronenschale vermischte Butter zugeben und gut vermengen. Den Teig mit Frischhaltefolie abdecken und 30 Minuten ruhen lassen.
EINE GROSSE PFANNE mit einem Teil der zusätzlichen Butter einfetten und pro Blini einen Teelöffel Teig hineingeben. 4 oder 5 Stück auf einmal ausbacken. Wenn sich Blasen auf der Oberfläche bilden, die Blini wenden und von der anderen Seite bräunen. Auf einem Kuchengitter auskühlen lassen. Den Vorgang wiederholen, bis der Teig vollständig verarbeitet ist.
EIN WENIG FRISCHKÄSE auf die Blini geben, mit einem Stück Räucherlachs belegen und mit Dill garniert servieren.
HINWEIS: Die Blini können bis zu 3 Stunden im voraus zubereitet werden.

Roastbeef-Toast mit Meerrettichsahne

1 Brötchen vom Vortag • 60 g Butter, zerlassen • 250 g rosa Roastbeef, in Scheiben geschnitten • 60 g saure Sahne • 2 TL Sahnemeerrettich • Thymianzweige, zum Garnieren
Für 8–10 Personen

DEN BACKOFEN auf 180 °C vorheizen. Das Brötchen in 20 dünne Scheiben schneiden. Auf beiden Seiten dünn mit zerlassener Butter bestreichen, auf ein Backblech legen und etwa 10 Minuten goldgelb und knusprig backen. Anschließend abkühlen lassen.
DAS ROASTBEEF in mundgerechte Stücke schneiden und jede Toastscheibe mit mehreren Stücken belegen. Mit dem mit saurer Sahne vermischten Sahnemeerrettich und einem Stück Thymianzweig garnieren und sofort servieren.
HINWEIS: Die Toastscheiben können bis zu 3 Stunden im voraus zubereitet und luftdicht verschlossen aufbewahrt werden. Belegen Sie sie erst unmittelbar vor dem Servieren.

Von links nach rechts: Blini mit Räucherlachs, Roastbeef-Toast mit Meerrettichsahne, Spargel hollandaise

Spargel hollandaise

2–3 Bund grüner Spargel • **Sauce:** *175 g Butter* • *2 EL Wasser* • *4 Eigelb* • *2 EL Zitronensaft* • *Salz und weißer Pfeffer, nach Geschmack* • *gehobelter Parmesan, nach Wunsch*
Für 6 Personen

Holzige Spargelenden entfernen. Den Spargel in einem Topf mit kochendem Wasser 1–2 Minuten köcheln lassen; abgießen.
Sauce: Die Butter in einem kleinen Topf zerlassen. Den Schaum von der Oberfläche abschöpfen und wegwerfen. Die Butter abkühlen lassen. Wasser und Eigelbe 30 Sekunden in einem kleinen Topf verschlagen, bis die Mischung hellgelb und cremig ist. 3 Minuten bei geringer Hitze schlagen, bis die Sauce andickt.
Vom Herd nehmen und nach und nach unter ständigem Schlagen die abgekühlte Butter hineingeben (den Bodensatz im Topf lassen). Den Zitronensaft einrühren und würzen. Die Sauce über den Spargel gießen und mit Parmesan bestreuen.
Hinweis: Gehen Sie sicher, daß alle Spargelstangen etwa gleich groß und nach Möglichkeit schlank bis mitteldick sind. Sie können den Spargel bis zu 4 Stunden im voraus kochen und im Kühlschrank aufbewahren. Zum Servieren sollte er Raumtemperatur haben.

Meeresfrüchtesalat

750 g mittelgroße rohe Riesengarnelen • 125 ml Weißwein • 2 EL Zitronensaft • 300 g Venusmuscheln • 500 g Miesmuscheln • 1 Dutzend Austern in der geöffneten Schale • ***Sauce:*** *375 g gute Mayonnaise • 125 g saure Sahne • 1 Knoblauchzehe, zerdrückt • 1 Dose (45 g) Sardellenfilets, abgegossen und feingehackt • 25 g Petersilie, feingehackt • 2 EL Kapern, feingehackt*

Für 6 Personen

EINEN GROSSEN TOPF mit Wasser zum Kochen bringen. Die Garnelen hineingeben und 2–3 Minuten kochen lassen, bis sie eine leuchtend rosa Färbung annehmen. Aus dem Topf nehmen, in kaltem Wasser abschrecken und mit Küchenpapier trockentupfen.

WEIN UND ZITRONENSAFT in einen großen, flachen Topf geben; mit Wasser auf etwa 2 cm Höhe auffüllen und zum Kochen bringen. Die Temperatur etwas reduzieren, die Venusmuscheln hineingeben und 2–3 Minuten kochen lassen, bis sie sich öffnen. Sofort aus dem Topf nehmen, abtropfen und abkühlen lassen. Die Kochflüssigkeit zurückbehalten.

DIE MIESMUSCHELN putzen, in die Kochflüssigkeit geben und 3 Minuten kochen lassen. Aus dem Topf nehmen, alle ungeöffneten Muscheln entfernen und die anderen abkühlen lassen. Die obere Hälfte der Schale entfernen.

DIE MEERESFRÜCHTE zusammen mit den Austern auf einem Teller anrichten. Mayonnaise, saure Sahne, Knoblauch, Sardellen, Petersilie und Kapern in einer kleinen Schüssel miteinander vermischen. In eine Sauciere umfüllen und servieren.

Ganzer pochierter Lachs

2,5 l Wasser • 2 l Weißwein • 3 EL Weißweinessig • 2 Zwiebeln • 10 ganze Gewürznelken • 4 Möhren, gehackt • 1 Zitrone, geviertelt • 2 Lorbeerblätter • 1 TL schwarze Pfefferkörner • 4 Petersilienzweige • 1 Lachs (2,5 kg), ausgenommen und geschuppt • 125 ml Mayonnaise • 12 g frischer Dill, gehackt • 12 g frischer Schnittlauch, gehackt • 12 g frische Petersilie, gehackt
Für 8–10 Personen

DEN BACKOFEN auf 180 °C vorheizen. Wasser, Wein und Essig in einen Topf füllen. Die Zwiebeln mit den Gewürznelken spicken und mit Möhren, Zitrone, Lorbeerblättern, Pfefferkörnern und Petersilie in den Topf geben. Aufkochen lassen, die Temperatur reduzieren und 30 Minuten köcheln lassen. Abkühlen lassen und die Flüssigkeit durch ein Sieb in einen Fischtopf gießen.
DEN LACHS zugeben und mit Alufolie abdecken. 25 Minuten pochieren. Die Mayonnaise mit den Kräutern vermischen und zum Fisch servieren.

Truthahnbraten

1 Truthahn (4 kg) • Füllung nach Wahl • 50 g Butter, zerlassen • 500 ml Wasser
Für 8–10 Personen

DEN BACKOFEN auf 180 °C vorheizen. Hals und Innereien aus dem Truthahn entfernen. Unter kaltem Wasser abwaschen und mit Küchenpapier trockentupfen. Nach Wunsch eine Füllung in die Halsöffnung geben. Die Flügel unter den Körper stecken.
DIE FÜLLUNG in die Körperhöhle geben, die Beine mit Garn dressieren und den Truthahn auf einem Grillrost in eine Fettpfanne stellen. Rundherum mit Butter bestreichen und die Pfanne mit Wasser füllen.
DEN TRUTHAHN 2–2 1/2 Stunden unter gelegentlichem Bestreichen mit Bratensaft braten (Teile, die zu schnell bräunen, mit Alufolie abdecken). Zur Garprobe eine Fleischnadel ins Fleisch stechen – wenn klarer Saft austritt, ist der Truthahn gar.
DEN TRUTHAHN aus dem Backofen nehmen und auf einen Vorlegeteller geben. Vor dem Servieren locker mit Alufolie bedeckt 15 Minuten ruhen lassen. Mit Bratensauce oder einer Sauce nach Wahl reichen.

Füllungen und Saucen

Pistazienfüllung

1 EL ÖL in einem kleinen Topf erhitzen und 3 feingehackte Frühlingszwiebeln und 1 TL geriebenen frischen Ingwer 2 Minuten dünsten. 3 Scheiben gehackten Schinkenspeck hinzugeben und weitere 3–4 Minuten braten. In eine Schüssel umfüllen und abkühlen lassen. Dann 175 g Gehacktes von Schwein und Kalb, 60 g frische Brotkrumen, 2 EL Marmelade, 12 g gehackte Petersilie, 1 geschlagenes Ei und 1/2 Tasse geschälte Pistazien hinzugeben. Mit Salz und Pfeffer abschmecken und gründlich vermischen.

Reisfüllung

30 G MANDELBLÄTTCHEN in einer trockenen Pfanne goldgelb rösten und zur Seite stellen. 50 g Butter in einem kleinen Topf zerlassen und 1 feingehackte Zwiebel glasig dünsten. Mandeln und Zwiebel zusammen mit 1 geriebenen Apfel, 1/3 Tasse abgetropften und gehackten Wasserkastanien, 2 EL gehackter Petersilie, 1 geschlagenen Ei und 1 Tasse gekochtem Reis in eine Schüssel geben. Mit Salz und Pfeffer abschmecken und gut vermischen.

Zitrusfüllung

1 EL ÖL in einem kleinen Topf erhitzen und 1 feingehackte Zwiebel glasig dünsten. Zusammen mit 200 g Schweinehack, 120 g frischen Weißbrotkrumen, 2 zerdrückten Knoblauchzehen, je 2 TL geriebener Zitronen- und Orangenschale und 65 g feingehackten Pekannüssen in eine Schüssel geben. Mit Salz und Pfeffer abschmecken und gut vermischen.

Schweine- und Kalbsfarce

200 G GEHACKTES von Schwein und Kalb, 1 feingehackte Zwiebel, 60 g frische Weißbrotkrumen, 2 TL feingeriebene Zitronenschale und 1 TL gemischte Kräuter in eine Schüssel geben. Die Brusthaut des Truthahns anheben und durch die Halsöffnung füllen. Auf die Haut drücken, um die Füllung gleichmäßig zu verteilen, dann die Haut über der Öffnung zusammenziehen und mit Zahnstochern verschließen.
HINWEIS: Dies ist eine traditionelle, auch als Fleischfarce bezeichnete Füllung, die das Brustfleisch des Truthahns würzt und saftig hält. Schneiden Sie beim Tranchieren durch Farce und Fleisch, und servieren Sie beides zusammen.

Klassische Bratensauce

DEN GEBRATENEN TRUTHAHN auf einen Teller legen und den Bratensaft aus der Fettpfanne durch ein Sieb in eine kleine Schüssel umfüllen. Das Fett von der Oberfläche in einen kleinen Topf geben, 30 g Mehl hinzufügen und glattrühren. 3–4 Minuten bei mittlerer Temperatur kochen lassen, bis die Sauce eine hellgoldene Färbung annimmt. Vom Herd nehmen und nach und nach unter Rühren den Bratensaft und 250 ml Hühnerbrühe hinzufügen. Wieder erhitzen und unter Rühren kochen lassen, bis die Sauce andickt.

Brotsauce

EINE MITTELGROSSE ZWIEBEL mit 4 Gewürznelken spicken und zusammen mit 750 ml Milch und 2 Lorbeerblättern in einen Topf geben. Zum Kochen bringen, vom Herd nehmen und 30 Minuten zugedeckt ziehen lassen. Zwiebel und Lorbeerblätter entfernen und wegwerfen. 75 g Weißbrotkrumen vom Vortag hinzugeben und unter Rühren zum Kochen bringen. 3–4 Minuten köcheln lassen, dann 30 g Butter einrühren und mit Salz und weißem Pfeffer abschmecken.

Orangen-Preiselbeer-Sauce

JE 250 ML WEISSWEIN, Hühnerbrühe und Preiselbeersauce in einen mittelgroßen Topf geben. 2 breite Streifen Orangenschale ohne weiße Haut hineingeben und rühren, bis sich die Preiselbeersauce aufgelöst hat. Zum Kochen bringen, die Temperatur etwas reduzieren und 5 Minuten köcheln lassen.
1 EL Stärke mit etwas Wasser zu einer glatten Paste vermischen. In den Topf geben und rühren, bis die Sauce aufkocht und andickt, dann weitere 2 Minuten köcheln lassen. Die Orangenschalen entfernen und wegwerfen.

Von links nach rechts: Truthahnbraten, Truthahn mit Schweine- und Kalbsfarce, Truthahn mit Zitrusfüllung, Orangen-Preiselbeer-Sauce, Klassische Bratensauce, Brotsauce, Truthahn mit Pistazienfüllung

Glasierter Schinken

7 kg Schinken am Knochen • 1 Orange • 500 ml Wasser • 6 Gewürznelken • 185 g brauner Zucker • 1 EL Senf • 320 g Orangenmarmelade • Gewürznelken, zusätzlich
Für 20 Personen

DEN BACKOFEN auf 180 °C vorheizen. Den Daumen unter die Schwarte schieben, um sie anzuheben, dann vom dicken Ende her bis 10 cm vor dem Ende des Knochens abziehen und um den Knochen herum durchschneiden. Überschüssiges Fett mit einem scharfen Messer entfernen und wegwerfen. Lange Streifen von der Orangenschale abziehen, den Saft auspressen und beides zur Seite stellen. Den Schinken auf einen Grillrost über einer tiefen Fettpfanne legen und Wasser, Orangenschale und Gewürznelken hineingeben. Die Fettpfanne und den Schinken sorgfältig mit Alufolie zudecken und 2 Stunden braten.
DEN SCHINKEN aus dem Backofen nehmen und die Temperatur auf 210 °C (Gasherd: 190 °C) heraufsetzen. Den Bratensaft weggießen. Die Oberfläche des Schinkens kreuzförmig und tief einschneiden, so daß ein Rautenmuster entsteht. Zucker, Senf und Marmelade in einer mittelgroßen Schüssel zu einer dicken Paste vermischen. Die Hälfte der Mischung auf dem Schinken verstreichen, dann den Schinken wieder in den Ofen geben und unbedeckt 30 Minuten braten.
DEN ZURÜCKBEHALTENEN ORANGENSAFT mit der restlichen Marmeladenmischung glattrühren. Den Schinken aus dem Ofen nehmen und mit der Hälfte der Marmeladenmischung bestreichen. Eine Gewürznelke in jede eingeschnittene Raute stecken, den Schinken wieder in den Ofen geben und unbedeckt 1 Stunde braten. Dabei alle 10 Minuten mit der Marmeladenmischung bestreichen. Warm oder kalt servieren.

Von links nach rechts: Glasierter Schinken, Scharfe Meerrettichsauce (im Krug), Schinken mit Nußkruste, Schinken mit süßer Ingwerglasur und Kapernmayonnaise, Schinken mit Senfsahne, Kapernmayonnaise (in Schüssel), Senfsahne (im Krug)

Süße Ingwerglasur

185 G BRAUNEN ZUCKER, 1 EL Senf, 320 g Aprikosenmarmelade und 1 EL geriebenen Ingwer miteinander vermischen. Den eingeschnittenen Schinken während der letzten 30 Minuten des Backens damit bestreichen.

Nußkruste

360 G FRISCHE BROTKRUMEN, 2 mittelgroße geriebene Zwiebeln, eine 3/4 Tasse feingehackte Mandeln, 25 g gehackte Petersilie, 3 zerdrückte Knoblauchzehen und 2 leicht geschlagene Eier miteinander vermischen. Zu Beginn der letzten 45 Minuten des Backens auf der Oberfläche des Schinkens verstreichen und mitbacken, bis die Kruste knusprig und goldgelb ist.

Senfsahne

125 G SAURE SAHNE, 125 ml Sahne und 2 EL Senf mit ganzen Körnern miteinander vermischen und zum Schinken servieren.

Scharfe Meerrettichsauce

1 EL SAHNEMEERRETTICH mit 250 g saurer Sahne und 1 EL feingehacktem Schnittlauch verrühren und zum Schinken servieren.

Kapernmayonnaise

JE 250 G NATURJOGHURT und gute Mayonnaise miteinander vermischen und 2 TL gehackte Kapern einrühren. Zum Schinken servieren.

Schweinerollbraten mit Apfelchutney

1,5 kg Schweinerollbraten • 1 EL Salz • ***Apfelchutney:*** *4 mittelgroße grüne Äpfel • 1/2 Tasse Apfelkompott • 2/3 Tasse Früchtechutney • 15 g Butter*
Für 6–8 Personen

DEN BACKOFEN auf 210 °C (Gasherd: 190 °C) vorheizen. Die Schwarte des Rollbratens kreuzförmig einschneiden und mit Salz einreiben.
DEN BRATEN mit der eingeschnittenen Seite nach oben auf einen Grillrost über einer Fettpfanne legen und 1 Stunde 15 Minuten backen. Aus dem Backofen nehmen und unbedeckt 10 Minuten ruhen lassen. Vor dem Aufschneiden das Garn entfernen und den Braten mit dem Apfelchutney servieren.
APFELCHUTNEY: Die Äpfel schälen, entkernen und in kleine Würfel schneiden. In einem Topf mit dem Apfelkompott bedecken. Zum Kochen bringen, die Temperatur reduzieren und 7 Minuten zugedeckt köcheln lassen, bis die Apfelstücke weich sind. Chutney und Butter einrühren und warm servieren. Dazu nach Wunsch glasierte rote Bete und Süßkartoffeln reichen.

Roastbeef mit Sauce béarnaise

1,5 kg Rinderfilet am Stück • frisch gemahlener schwarzer Pfeffer, nach Geschmack • 1 EL Öl • 30 g Butter • 1 Knoblauchzehe, zerdrückt • 250 ml Wasser • ***Sauce béarnaise:*** *125 ml Estragonessig • 2 Lorbeerblätter • 2 TL schwarze Pfefferkörner • 4 Frühlingszwiebeln, gehackt • 5 Eigelb, leicht geschlagen • 250 g Butter, zerlassen*
Für 6 Personen

DEN BACKOFEN auf 210 °C (Gasherd: 190 °C) vorheizen. Das Fleisch von Fett und Sehnen säubern. Gleichmäßig mit Garn umwickeln, damit es seine Form behält, und rundum mit Pfeffer einreiben.
ÖL, BUTTER und Knoblauch in einer tiefen Fettpfanne auf der Herdplatte erhitzen. Das Fleisch hineingeben und rundherum bei großer Hitze anbräunen. Einen Grillrost in die Fettpfanne stellen und das Fleisch darauf legen. Wasser in die Fettpfanne geben und in den Backofen stellen. Das Fleisch 45 Minuten braten, damit es rosa wird, oder 1 Stunde 10 Minuten, damit es gut durch ist. Währenddessen regelmäßig mit Bratensaft bestreichen. Aus dem Backofen nehmen und mit Alufolie abgedeckt 10 Minuten an einem warmen Ort ruhen lassen. Vor dem Aufschneiden das Garn entfernen. Nach Wunsch mit grünem Spargel servieren.
SAUCE BÉARNAISE: Essig, Lorbeerblätter, Pfefferkörner und Frühlingszwiebeln in einem kleinen Topf zum Kochen bringen. Die Temperatur reduzieren und ohne Deckel köcheln lassen, bis die Flüssigkeit auf 2 EL reduziert ist. Durch ein Sieb gießen und die Flüssigkeit 30 Sekunden in der Küchenmaschine mit den Eigelben verschlagen. Bei laufendem Motor die zerlassene Butter in einem dünnen Strahl hineingeben und die Sauce zum aufgeschnittenen Fleisch servieren.
HINWEIS: Das Fleisch hält sich bis zu 2 Tagen im Kühlschrank frisch. Vor dem Servieren auf Raumtemperatur erwärmen lassen. Die Sauce béarnaise kann bis zur Zugabe der zerlassenen Butter mehrere Stunden im voraus zubereitet werden. Geben Sie die Butter erst unmittelbar vor dem Servieren hinein.

Eisbombe mit Früchten

$^3/_4$ Tasse englisches Fruit Mince (selbstgemachtes Fruit Mince: siehe Seite 19) • 90 g frische Datteln, gehackt • $^1/_2$ Tasse kandierte Früchte, gehackt • 3 EL Rum oder Weinbrand • 120 g Mandelblätter • 4 Eier • 250 g feiner Zucker • 375 ml Sahne • 200 ml Buttermilch • 2 TL feingeriebene Orangenschale

Für 8–10 Personen

FRUIT MINCE, Datteln, kandierte Früchte und Rum in eine Schüssel geben, mit Frischhaltefolie abdecken und mindestens 2 Stunden bei Raumtemperatur ziehen lassen. Die Mandeln auf einem Backblech bei 180 °C goldgelb rösten. Die Eier mit dem elektrischen Handrührgerät 5 Minuten in einer großen Schüssel steif schlagen.

NACH UND NACH UNTER STÄNDIGEM SCHLAGEN den Zucker hinzugeben, bis er sich aufgelöst und die Mischung eine blaßgelbe, glänzende Färbung angenommen hat. Nach und nach die mit Buttermilch vermischte Sahne hinzugeben und weitere 5 Minuten schlagen. Die Orangenschale hineingeben und untermischen.

FRÜCHTEMISCHUNG und Mandeln mit einem Metallöffel unterheben. Die Mischung in eine tiefe Puddingform (mit 2 l Fassungsvermögen) geben, mit Frischhaltefolie abdecken und über Nacht im Gefrierfach fest werden lassen.

DIE EISBOMBE mit Hilfe eines flachen Messers aus der Schale lösen und vorsichtig auf einen Vorlegeteller stürzen. Sofort servieren.

Bunter Früchte-Nuß-Kuchen

1 Tasse kandierte Kirschen • 1/2 Tasse gehackte kandierte Aprikosen • 1/4 Tasse gehackte kandierte Ananas • 1/4 Tasse gehackter kandierter Ingwer • 2 EL Grand Marnier • 125 g Paranüsse • 125 g Walnüsse • 125 g Mehl • 1/2 TL Backpulver • 60 g Butter, zerlassen • 1 Ei • 2 EL brauner Zucker • 80 g Aprikosenmarmelade • 1 TL Grand Marnier, zusätzlich

Ergibt einen Kuchen mit 20 cm Ø

DEN BACKOFEN auf 160 °C vorheizen. Eine Ringform (20 cm Ø) einfetten. Den Boden und die Seiten mit Backpapier ausschlagen. Die kandierten Früchte mit dem Grand Marnier übergießen und unter gelegentlichem Rühren 1 Stunde bei Raumtemperatur ziehen lassen. Dann die Nüsse unterheben.

MEHL UND BACKPULVER in eine Schüssel sieben. Butter, Ei und Zucker miteinander verschlagen. Alles zur Früchtemischung geben und kurz verrühren. In die vorbereitete Backform füllen und die Oberfläche mit der nassen Hand glattstreichen. 1 Stunde 30 Minuten backen, bis sich der Kuchen fest anfühlt. 30 Minuten in der Form ruhen lassen, dann auf ein Kuchengitter stürzen und vollständig auskühlen lassen.

DIE MARMELADE in einem kleinen Topf bei mittlerer Temperatur (oder in der Mikrowelle) flüssig werden lassen und den Grand Marnier einrühren. Oberfläche und Seiten des Kuchens mit der noch warmen Marmeladenmischung bestreichen.

HINWEIS: Der Kuchen hält sich luftdicht verschlossen im Kühlschrank bis zu 3 Monaten frisch.

Bûche de Noël (Weihnachtsbaumstamm)

80 g Mehl • 1/2 TL Backpulver • 2 EL Kakaopulver • 3 Eier • 125 g feiner Zucker • 2 EL feiner Zucker, zusätzlich • 160 g Brombeermarmelade • ***Buttercreme:*** *80 g feiner Zucker • 3 EL Wasser • 3 Eigelb • 150 g weiche Butter • 100 g Zartbitterschokolade, geschmolzen und abgekühlt • Puderzucker, zum Bestäuben*

Ergibt 1 Kuchen

DEN BACKOFEN auf 180 °C vorheizen. Ein Backblech (30 cm x 25 cm x 2 cm) einfetten und den Boden mit Backpapier auslegen, so daß es über 2 Seiten hinausragt. Mehl, Backpulver und Kakaopulver dreimal auf das Backpapier sieben. Die Eier mit dem elektrischen Handrührgerät 5 Minuten schaumig schlagen. Nach und nach unter ständigem Rühren den Zucker hineingeben, bis er sich aufgelöst und die Mischung eine blasse, glänzende Färbung angenommen hat. Mehl und Kakaopulver schnell und mit leichter Hand mit einem Metallöffel unterziehen. Die Mischung auf das Blech geben und die Oberfläche glattstreichen. 15 Minuten backen, bis sich die Oberfläche elastisch anfühlt. Backpapier auf ein Küchentuch legen und mit Zucker bestreuen. Darauf den Kuchen stürzen und 1 Minute ruhen lassen. Dann mit Hilfe des Tuchs von der Längsseite her mitsamt dem Backpapier einrollen. 5 Minuten ruhen lassen, bis der Kuchen abgekühlt ist.

BUTTERCREME: Zucker und Wasser in einem kleinen Topf bei mittlerer Temperatur ohne zu kochen verrühren, bis sich der Zucker vollständig aufgelöst hat. Zum Kochen bringen, die Temperatur etwas reduzieren und ohne zu rühren 3 Minuten kochen lassen. Vom Herd nehmen und leicht abkühlen lassen. Die Eigelbe 2 Minuten mit dem elektrischen Handrührgerät schlagen. Langsam den Zuckersirup zugeben und 5 Minuten unablässig schlagen, bis die Creme kalt ist. Während das Handrührgerät weiterläuft, nach und nach Butter und Schokolade in die abgekühlte Mischung geben und weiterschlagen, bis sie glatt und cremig ist.

DEN KUCHEN aufrollen und das Papier entfernen. Die erwärmte Marmelade auf den Kuchen streichen und wieder fest zusammenrollen. Ein Ende des Kuchens schräg abschneiden und mit etwas Buttercreme an der Seite befestigen, so daß ein »Baumstamm« entsteht. Vollständig mit Buttercreme überziehen. Mit einem Spieß an jedem Ende eine Spirale zeichnen und die Oberfläche einritzen, so daß sie an Baumrinde erinnert. Mit Puderzucker bestreuen und mit Efeublättern aus Schokolade dekorieren.

Stollen

30 g Rosinen • 30 g Korinthen • 2 EL gehackte kandierte Fruchtschalenmischung • 1/4 Tasse halbierte kandierte Kirschen • 2 EL Rum • Öl oder zerlassene Butter • 7 g Trockenhefe • 4 EL warmes Wasser • 60 g Butter • 4 EL Milch • 60 g feiner Zucker • 1 TL geriebene Orangenschale • 1/2 TL Salz • 375–440 g Mehl • 1 Ei, leicht geschlagen • 1/4 Tasse Mandelsplitter • 2 TL zerlassene Butter, zusätzlich • Puderzucker, zum Bestäuben
Ergibt 1 Stollen

ROSINEN, Korinthen, Fruchtschalenmischung und kandierte Kirschen in einer Schüssel vermischen. Den Rum zugeben, durchrühren und zugedeckt 6 Stunden ziehen lassen. Abgießen und die Früchte auf Küchenpapier trocknen lassen. Ein Backblech dünn mit Öl oder zerlassener Butter einfetten. Die Hefe in warmem Wasser auflösen, zudecken und 5 Minuten an einem warmen Ort stehen lassen, bis sie schaumig ist. Butter, Milch, Zucker und Orangenschale bei geringer Hitze miteinander verrühren, bis die Butter zerlassen ist.
DAS SALZ und 375 g Mehl in eine große Schüssel sieben. Eine Mulde in die Mitte drücken und Hefe, Milchmischung und das geschlagene Ei hineingeben. Gründlich miteinander vermischen und so viel von dem restlichen Mehl zufügen, bis ein weicher Teig entsteht. Auf einer leicht bemehlten Arbeitsfläche 10 Minuten zu einem glatten und elastischen Teig verkneten. Den Teig in eine eingefettete Schüssel geben, mit leicht eingeölter Frischhaltefolie abdecken und 1 Stunde an einem warmen Ort gehen lassen.
DEN TEIG 1 Minute kneten. Dann zu einem 20 cm langen Viereck ausrollen und mit den getrockneten Früchten und den Mandeln bestreuen. Den Teig über die Früchte schlagen und leicht kneten, bis sie gleichmäßig verteilt sind. Den Teig zu einem ovalen, etwa 28 x 18 cm großen Laib formen. Eine Teigrolle fest in die Mitte des Laibes drücken, so daß eine Rinne entsteht. Den Teig dünn mit der Hälfte der zerlassenen Butter bestreichen und entlang der Rinne so falten, daß die obere Teighälfte 2 cm über die Rinne hinausragt.
DEN STOLLEN auf ein eingefettetes Backblech legen und mit der restlichen Butter bestreichen. Zudecken und 50 Minuten an einem warmen Ort gehen lassen. Den Backofen auf 180 °C vorheizen und den Stollen 30–35 Minuten goldbraun backen. Auf einem Kuchengitter abkühlen lassen und mit Puderzucker bestreuen.

Schottischer Black Bun

Öl • 325 g Mehl • 180 g Butterflocken • 1 EL feiner Zucker • 2 Eigelb • 2 EL eiskaltes Wasser • 325 g Rosinen, gehackt • 280 g Korinthen • 80 g getrocknete Fruchtschalenmischung • 70 g abgezogene Mandeln, gehackt • 85 g feiner Zucker, zusätzlich • 1 TL Piment • 1 TL gemahlener Ingwer • 1 TL gemahlener Zimt • 2 EL Whisky • 80 g Mehl • 1/4 Tasse Weinstein • 1/4 TL Natron • 125 ml Buttermilch • 1 Ei, leicht geschlagen • 1 Eigelb, zusätzlich, leicht geschlagen • 1 TL Zucker

Ergibt einen Kuchen von 23 cm Länge

EINE ANTIHAFT-BESCHICHTETE KASTENFORM (23 cm x 13 cm x 7 cm) mit Öl einfetten. Mehl mit Butter und Zucker in der Küchenmaschine 10 Sekunden zu einem feinen und krümeligen Teig verarbeiten. Eigelbe und Wasser hinzugeben und 15 Sekunden zu einem weichen Teig verarbeiten. Auf einer leicht bemehlten Arbeitsfläche glattkneten. Den Teig mit Frischhaltefolie zugedeckt 20 Minuten in den Kühlschrank stellen. Den Backofen auf 180 °C vorheizen. Früchte, Mandeln, Zucker, Gewürze und Whisky in einer großen Schüssel miteinander verrühren. Mehl, Weinstein und Natron darüber sieben. Buttermilch, Ei und zusätzliches Eigelb hinzugeben und mit einem Holzlöffel gründlich miteinander vermischen.
ZWEI DRITTEL des Teiges so ausrollen, daß er Boden und Seiten der Kastenform auskleidet und 1,5 cm über den Rand hinausragt. Den Teig in die Form drücken; darauf die Früchtefüllung geben und die Oberfläche glattstreichen. Füllung und Teigränder mit Eiweiß bestreichen. Den restlichen Teig zu einem Deckel ausrollen.
DEN TEIGDECKEL auf die Füllung legen und am Rand festdrücken. Die Ränder wellenförmig eindrücken und den überschüssigen Teig abschneiden. Die Oberfläche mit dem restlichen Eigelb bestreichen und mit Zucker bestreuen. 1 Stunde backen, dann die Temperatur auf 160 °C reduzieren und 1 Stunde 30 Minuten weiterbacken, bis der Teig gut gebräunt ist. In der Form abkühlen lassen.
HINWEIS: Damit sich das Aroma entfalten kann, sollte der Kuchen 2 Wochen im voraus zubereitet werden.

Schottisches Shortbread

250 g Butter • 170 g feiner Zucker • 210 g Mehl • 1/2 Tasse Reismehl • 1 TL Zucker
Ergibt 16 Dreiecke

Den Backofen auf 160 °C vorheizen. Ein Pizzablech (28 cm Ø) einfetten und mit Backpapier auslegen. Butter und Zucker mit dem elektrischen Handrührgerät in einer Schüssel leicht und cremig schlagen. Die Mischung in eine große Schüssel umfüllen und die Mehle hineinsieben. Mit einem flachen Messer zu einem weichen Teig verrühren und diesen auf einer leicht bemehlten Arbeitsfläche 30 Sekunden glattkneten. Den Teig auf das vorbereitete Blech geben und zu einem Kreis von 25 cm Ø ausrollen (das Blech muß größer als der Teig sein, da dieser sich beim Backen ausdehnt). Mit den Fingern den Rand zusammendrücken und dabei zu einem Wellenmuster formen. Die Oberfläche leicht mit einer Gabel einstechen und mit einem Messer 16 Dreiecke markieren. Mit Zucker bestreuen und 35 Minuten fest und hellgolden backen. Auf dem Blech auskühlen lassen, dann in Dreiecke auseinanderbrechen.

Panettone

120 g Trockenobst • 2 EL Fruchtschalenmischung • 2 EL Orangensaft • 3 Päckchen (à 7 g) Trockenhefe • 1 TL Zucker • 2 EL lauwarmes Wasser • 375 g Mehl • 60 g Butter • 3 Eier, leicht geschlagen • 2 EL feiner Zucker • 125 ml lauwarme Milch • Milch, zusätzlich, zum Glasieren

Ergibt einen Kuchen mit 20 cm Ø

DEN BACKOFEN auf 210 °C (Gasherd: 190 °C) vorheizen. Eine Charlotten-Form (20 cm Ø) einfetten. Trockenobst, Fruchtschalenmischung und Orangensaft in einer kleinen Schüssel miteinander vermengen und 20 Minuten ziehen lassen. Hefe, Zucker und Wasser in einer mittelgroßen Schüssel glattrühren und mit Frischhaltefolie abgedeckt 10 Minuten an einen warmen Ort stellen, bis die Hefe schäumt.

DAS MEHL in eine Schüssel sieben, Butter hinzugeben und mit den Fingerspitzen fein und krümelig verreiben. Die Früchtemischung hineingeben und gründlich miteinander vermengen. In einer zweiten Schüssel Eier, Zucker und Milch mit der Hefemischung verrühren. In die Mitte der Mehlmischung eine Mulde drücken, die Eimischung hineingeben und mit einem Messer zu einem weichen, feuchten Teig vermengen. Den Teig 5 Minuten mit einem Holzlöffel rühren, bis er glatt und glänzend ist. Während des Rührens den Teig auch von der Schüsselwand kratzen. 30 Minuten mit Frischhaltefolie zugedeckt an einem warmen Ort gehen lassen.

ERNEUT 5 MINUTEN rühren, dann auf einer leicht bemehlten Arbeitsfläche 10 Minuten kneten, bis der Teig nicht mehr klebt. In die vorbereitete Form geben und mit Frischhaltefolie zugedeckt etwa 30 Minuten an einem warmen Ort gehen lassen.

MIT DER ZUSÄTZLICHEN MILCH bestreichen und 15 Minuten backen. Die Temperatur auf 180 °C reduzieren und 1 Stunde gar backen. Der fertige Panettone klingt hohl, wenn man daraufklopft. Auf einem Kuchengitter abkühlen lassen.

HINWEIS: Die Charlotten-Form können Sie durch eine runde Kuchenform mit 2 Litern Fassungsvermögen ersetzen. Panettone schmeckt am besten frisch gebacken, hält sich aber in Frischhaltefolie verpackt bis zu 4 Tagen.

Panforte

Öl oder zerlassene Butter • 80 g Mandelsplitter • 80 g Macadamianüsse, gehackt • 80 g Walnüsse, gehackt • 230 g Trockenobstmischung • 80 g Mehl • 2 EL Kakaopulver • 1 TL gemahlener Zimt • 60 g Zartbitterschokolade, gehackt • 60 g Butter • 40 g feiner Zucker • 1/4 Tasse Honig • Puderzucker, zum Bestäuben
Ergibt einen Kuchen mit 20 cm Ø

DEN BACKOFEN auf 180 °C vorheizen. Eine flache, runde Kuchenform (20 cm Ø) mit Öl oder zerlassener Butter einfetten und den Boden mit Backpapier auslegen. Mandeln, Nüsse und Trockenobst in eine große Schüssel geben. Gesiebtes Mehl, Kakaopulver und Zimt hinzugeben und gründlich miteinander verrühren. Eine Mulde in die Mitte drücken.
SCHOKOLADE, Butter, Zucker und Honig in einem kleinen Topf bei geringer Hitze verrühren, bis die Zutaten geschmolzen und gut vermischt sind; vom Herd nehmen. Die Buttermischung zu den Trockenzutaten geben und mit einem Holzlöffel gründlich vermischen. Nicht zu stark schlagen.
DEN TEIG in die vorbereitete Form füllen und die Oberfläche glattstreichen. 50 Minuten backen, bis sich die Mitte des Kuchens fest anfühlt. Vor dem Herausnehmen in der Form abkühlen lassen. Mit Puderzucker bestäuben und in schmale Stücke geschnitten mit Kaffee servieren.

Getränke

Athol Brose

EINE 3/4 TASSE feines Hafermehl mit 250 ml warmer Milch in eine Schüssel geben, zudecken und 30 Minuten stehen lassen. Die Mischung durch ein grobes Sieb in einen Krug passieren, dabei pressen, bis das Hafermehl nahezu trocken ist. Das Mehl entfernen und die Flüssigkeit erneut durch ein feines Sieb passieren. 125 ml Drambuie, 2 TL Honig und 125 ml Sahne zugeben und gut verschlagen. In eine sterile Flasche umfüllen und einige Tage an einem kühlen, dunklen Ort stehen lassen, damit sich das Aroma entfalten kann.
Ergibt etwa 500 ml

Irish Cream

3 EIGELB 2 Minuten in einer Schüssel cremig schlagen. 440 ml Kondensmilch, 250 ml Sahne, 375 ml Irish Whiskey und 2 EL Schokoladensirup einrühren. In eine sterile Flasche umfüllen und bis zu 2 Wochen im Kühlschrank aufbewahren. Einige Tage ruhen lassen, damit sich das Aroma entfalten kann. Nach Wunsch mit Schokoladenspänen servieren.
Ergibt etwa 1 Liter

Eierflip

6 EIGELB mit 125 g feinem Zucker, 1/4 TL Zimt und 1/2 TL feingeriebener Zitronenschale verschlagen. Nach und nach unter ständigem Schlagen 500 ml Weißwein zugeben. In einen Topf umfüllen und 12 Minuten bei geringer Hitze rühren, bis der Eierflip leicht eindickt. Mit Muskatpulver bestreut servieren.
Für 6 Personen

Glühwein

1 FLASCHE ROTWEIN, 1 Zimtstange, 6 Gewürznelken, 6 Pimentbeeren und 2 EL Zucker in einem Topf miteinander verrühren. Die Schale einer Zitrone in breite Streifen schneiden, die weiße Haut entfernen und in den Topf geben. Zum Kochen bringen, dann die Herdplatte abschalten. Zudecken und mindestens 30 Minuten ziehen lassen. 3 EL Portwein zugeben und warm mit einem mit Gewürznelken gespickten Streifen Zitronenschale servieren.
Für 4–6 Personen

Weihnachtspunsch

2 Flaschen Weisswein, 1 l Mineralwasser, 4 Tassen geschälte und gehackte frische Früchte, wie zum Beispiel Erdbeeren, Pfirsiche, Mangos und Ananas, und 250 ml Limettenlikör in einer großen Schüssel miteinander vermischen. Reichlich Eiswürfel zugeben und mit frischen ganzen Minzeblättern garnieren.
Ergibt etwa 3,5 Liter

Obst-Daiquiri

1 Tasse Eisstücke in eine Küchenmaschine geben. 4 EL weißen Rum, 3 EL Cointreau oder Triple Sec und etwa 1 1/2 Tassen frisches Obst, wie zum Beispiel Bananen, Mangos oder Erdbeeren hinzufügen. Pürieren und sofort mit frischem Obst garniert servieren.
Für 2 Personen

Von links nach rechts: Athol Brose, Irish Cream, Glühwein, Erdbeer-Daiquiri, Mango-Daiquiri, Weihnachtspunsch, Eierflip

Auberginenaufstrich

2 EL Olivenöl • 2 große Auberginen (550 g) • 1 ganze Knoblauchzwiebel • 250 g Joghurt • 2 EL Zitronensaft • Salz und Pfeffer, nach Geschmack • 1 EL frische Petersilie, gehackt • Paprikapulver, zum Bestreuen • 10 Scheiben Vollkornbrot
Für 6 Personen

DEN BACKOFEN auf 150 °C vorheizen. Eine tiefe Backform mit 1 EL Öl einfetten, Auberginen und Knoblauch hineingeben und mit dem restlichen Öl bestreichen.
1 STUNDE 30 MINUTEN BACKEN, bis das Gemüse sehr weich ist; abkühlen lassen. Die Stiele der Auberginen abschneiden und das Fruchtfleisch aus der Schale kratzen. Die papierartige Haut vom Knoblauch abziehen und das Fruchtfleisch herausdrücken.
DAS FRUCHTFLEISCH von Aubergine und Knoblauch 1 Minute in der Küchenmaschine pürieren. Joghurt, Zitronensaft, Salz und Pfeffer hinzugeben und schlagen, bis alles gut vermischt ist. In eine Schale füllen, mit Petersilie verrühren und mit Paprikapulver bestreuen.
DIE KRUSTE vom Brot abschneiden. Mit einem sternförmigen Ausstecher aus den Scheiben Sterne ausstechen und 12 Minuten unter dem vorgeheizten Backofengrill goldbraun toasten. Dabei einmal wenden. Mit dem Aufstrich servieren.

Käsesnacks

125 g Mehl • 80 g Butterflocken • 125 g Cheddar, feingerieben • 1 Prise Cayennepfeffer • 1 Prise Senfpulver • 1 Eigelb • 1–2 TL Zitronensaft • Paprikapulver

Für 6 Personen

DEN BACKOFEN auf 210 °C (Gasherd: 190 °C) vorheizen und 2 Backbleche einfetten. Mehl, Butter, Käse, Pfeffer und Senfpulver in der Küchenmaschine verarbeiten, bis die Mischung an grobes Paniermehl erinnert. Eigelb und Zitronensaft hinzugeben und kurz miteinander vermischen.

AUF EINER LEICHT BEMEHLTEN ARBEITSFLÄCHE glattkneten. Den Teig in Frischhaltefolie wickeln und 20 Minuten in den Kühlschrank stellen.

DEN TEIG auf einer leicht bemehlten Arbeitsfläche auf etwa 5 mm Dicke ausrollen. Die Snacks mit einem bemehlten Ausstecher in Tannenbaumform ausstechen, auf die vorbereiteten Backbleche legen und 6–8 Minuten goldbraun backen. Auf den Blechen auskühlen lassen und mit Paprikapulver bestreuen.

Blätterteigpasteten

2 Blätterteigscheiben • 400 g Hühner- oder Entenleberpastete, gekühlt • 30 g Butter, zerlassen • 2 EL Sesamkörner • 1 EL Mohnsamen

Ergibt 18 Stück

DEN BACKOFEN auf 210 °C (Gasherd: 190 °C) vorheizen und ein Backblech leicht einfetten. Mit einem 7 cm großen Plätzchenausstecher aus jedem Teigblatt 9 Kreise ausstechen. Die Pastete in 18 dünne Scheiben schneiden.

JE EINE SCHEIBE PASTETE auf jedes Plätzchen geben. In der Mitte falten, so daß ein Halbkreis entsteht. Die Ränder zusammendrücken und auf das Backblech legen.

JEDE PASTETE mit Butter bestreichen und mit Sesamkörnern und Mohnsamen bestreuen. 8 Minuten goldbraun und knusprig backen und sofort servieren.

Von links nach rechts: Auberginenaufstrich, Käsesnacks, Blätterteigpasteten

Marinierte Champignons

500 g Champignons, halbiert • 125 ml Olivenöl • 125 ml Weißweinessig • 3 Knoblauchzehen, gehackt • 2 EL gehackte frische Petersilie • 2 TL gehackte Chilischoten • 1 TL feiner Zucker • Salz und Pfeffer, nach Geschmack
Für 6–8 Personen

DIE CHAMPIGNONS mit einem feuchten Tuch sauberwischen und die Stiele bis zum Hut abtrennen. Die Champignons in eine große Schüssel geben. Öl, Essig, Knoblauch, Petersilie, Chilischoten, Zucker, Salz und Pfeffer in ein Schraubglas geben und kräftig schütteln.

DIE MARINADE über die Champignons gießen und umrühren. Mit Frischhaltefolie abdecken und mindestens 1 Stunde in den Kühlschrank stellen. Die Pilze können, abhängig von der gewünschten Geschmacksintensität, bis zu 2 Tagen marinieren. Während des Marinierens gelegentlich durchrühren.

NACH WUNSCH die Pilze bei Raumtemperatur zusammen mit anderen marinierten Gemüsen als Vorspeise servieren.

Ziegenkäsesalat

12 Scheiben Weißbrot • 4 runde Ziegenkäse (à 100 g) • 50 g gemischte Salatblätter • 50 g Rauke • 1 Körbchen Kirschtomaten, halbiert • Petersilie, gehackt, nach Wunsch • **Dressing:** *1 EL Weißweinessig • 3 EL Olivenöl • 1/2 TL Senf mit ganzen Körnern*
Für 4 Personen

DEN BACKOFEN auf 180 °C vorheizen. Mit einem Plätzchenausstecher aus jeder Weißbrotscheibe eine runde Scheibe ausstechen (das Brot darf nicht über den Käse hinausragen, da es sonst am Rand verbrennt). Das Brot auf ein Backblech legen und 10 Minuten im Ofen backen. Jedes Käsestück horizontal in 3 Scheiben schneiden.
JE EINE SCHEIBE KÄSE auf eine Scheibe Brot legen. Auf den Tellern ein Bett aus Salat- und Raukeblättern anrichten und mit mehreren Tomatenhälften garnieren. Käse und Brot 5 Minuten unter dem vorgeheizten Backofengrill grillen, bis der Käse eine hellgoldene Färbung annimmt und Blasen wirft. Die Salatblätter mit Dressing beträufeln und mit dem gegrillten Käse belegen. Nach Wunsch mit gehackter Petersilie bestreuen.
DRESSING: Essig, Öl und Senf in ein kleines Schraubglas geben und zum Mischen etwa 1 Minute kräftig schütteln.

Hühnerpastete mit Mangos und Pfirsichen

6 Hühnerbrustfilets • 3–4 Petersilienzweige • ein 5 cm großes Stück Ingwer, in Scheiben geschnitten • 1 EL ganze schwarze Pfefferkörner • 2 Bund Blattspinat, ohne Stengel • 2 mittelgroße Mangos (550 g) • 3 große Pfirsiche, geschält und halbiert (700 g) • 150 g Pistazien, geschält • Salz und Pfeffer, nach Geschmack

Für 10 Personen

HÜHNERBRUSTFILETS, Petersilie, Ingwer und Pfefferkörner in einem Topf mit kaltem Wasser bedecken. 8–10 Minuten köcheln lassen, bis das Fleisch gar ist. Die Filets aus dem Topf nehmen und abkühlen lassen. Jedes Filet horizontal in 3 Scheiben schneiden. Den Spinat waschen, in ein Sieb geben und mit kochendem Wasser übergießen. Mit kaltem Wasser abschrecken, abtropfen lassen und zur Seite stellen. Die Mangos schälen und in Scheiben schneiden. Die Pfirsiche in Scheiben schneiden.

BODEN UND WÄNDE einer Kastenform (21 cm x 14 cm x 7 cm) mit einander überlappenden Spinatblättern auskleiden. Mehrere Blätter aufbewahren. Die Hälfte des Fleischs hineingeben und mit je einer Schicht Mango und Pfirsich bedecken. Mit Pistazien bestreuen und mit Salz und Pfeffer würzen. Das restliche Fleisch darüber schichten und mit den zurückbehaltenen Spinatblättern bedecken. Den Spinat an den Seiten einstecken.

ZUERST MIT FRISCHHALTEFOLIE, dann mit Alufolie abdecken. Mit einem Gewicht beschwert über Nacht kühl stellen. Mit Chiliringen und Zitronenstreifen garniert servieren.

Thailändischer Garnelen- und Muschelsalat

1 kg rohe Garnelen • 500 g Kammuscheln • 750 ml Wasser • 1 Zitronengrasstengel, feingehackt • ein 5 cm großes Stück Ingwer, in dünne Scheiben geschnitten • 1 kleine Ananas • 1 Salatkopf • 2 Einlegegurken • 30 g Korianderblätter • ***Dressing:*** *3 EL Fischsauce • 2 EL Limonensaft • 1 EL Weißweinessig • 2 TL geriebener frischer Ingwer • 2 TL gehackte frische grüne Pfefferkörner*
Für 6 Personen

DIE GARNELEN schälen und putzen, dabei die Schwänze intakt lassen. Die Kammuscheln waschen und die dunklen Adern entfernen. Wasser, Zitronengras und Ingwer in einen tiefen Topf geben und langsam zum Köcheln bringen. Die Garnelen hineingeben und kochen lassen, bis sie eine rosa Färbung annehmen. Dann mit einem Schaumlöffel herausnehmen. Die Kammuscheln hineingeben und 1–2 Minuten kochen lassen, bis sie eine weiße Farbe annehmen. Aus dem Topf nehmen und abkühlen lassen. Das Kochwasser weggießen.
DIE ANANAS schälen und die holzige Mitte entfernen. Das Fruchtfleisch in große, mundgerechte Stücke schneiden. Salatblätter und Gurken in Stücke schneiden. Salatblätter, Ananas und Gurken auf einem großen Vorlegeteller anrichten und mit Garnelen und Muscheln belegen.
DRESSING: Fischsauce, Limonensaft, Essig, Ingwer und Pfefferkörner in ein Schraubglas geben, kräftig schütteln und über den Salat geben. Den Salat mit Korianderblättern bestreuen, leicht vermengen und sofort servieren.

Gemüsesalat

2 EL Öl • 2 mittelgroße Auberginen (480 g) • 2 mittelgroße Kartoffeln (450 g), geschält • 1 große rote Paprikaschote • 400 g Kürbis, geschält und in Scheiben geschnitten • ***Dressing:*** *1 EL gehacktes frisches Basilikum • 1 EL gehackte frische glatte Petersilie • 12 g Schnittlauch, gehackt • 3 EL Öl • 2 EL Weißweinessig • 1/2 TL Zucker • Salz und Pfeffer, nach Geschmack*

Für 4 Personen

DEN BACKOFEN auf 180 °C vorheizen. Eine Auflaufform mit 1 EL Öl einfetten. Auberginen und Kartoffeln in große Stücke schneiden. Die Paprikaschote halbieren und Samen sowie Stege entfernen. Jede Hälfte in drei Teile schneiden. Auberginen, Kartoffeln, Paprikaschote und Kürbis in die Form geben und mit dem restlichen Öl bestreichen.

DIE GEMÜSE unter regelmäßigem Wenden 1 Stunde garen, bis sie goldbraun sind. Aus dem Backofen nehmen und abkühlen lassen.

DRESSING: Basilikum, Petersilie, Schnittlauch, Öl, Essig, Zucker, Salz und Pfeffer in ein Schraubglas geben und kräftig schütteln. Die Gemüse in eine Schüssel geben, mit dem Dressing übergießen, umrühren und servieren.

Salat mit geräucherter Forelle und Litchis

1 große geräucherte Forelle (450 g) • 10 frische Litchis oder 1 Dose (825 g) Litchis, abgegossen • 1 mittelgroße rote Zwiebel • 1/2 mittelgroße Netzmelone, geschält • 250 g gemischte Salatblätter • 2 EL gehackte frische Petersilie • ***Dressing:*** *250 g Naturjoghurt • 125 g Vollei-Mayonnaise • Salz und Pfeffer, nach Geschmack*

Für 4 Personen

DIE FORELLE von Haut und Gräten säubern und das Fleisch in kleine Stücke zerteilen. Die Litchis schälen und halbieren. Die Zwiebel halbieren und in dünne Scheiben schneiden. Die Netzmelone in dünne Stücke schneiden.

DRESSING: Joghurt, Mayonnaise, Salz und Pfeffer in einer kleinen Schüssel gründlich miteinander verschlagen.

DIE SALATBLÄTTER auf einem großen Teller anrichten und mit Forelle, Litchis, Melone und Zwiebel belegen. Das Dressing darüber gießen und mit Petersilie bestreuen. Sofort servieren.

Von links nach rechts: Gemüsesalat, Salat mit geräucherter Forelle und Litchis, Salat mit gegrillter Paprika und Salami

Salat mit gegrillter Paprika und Salami

2 mittelgroße rote Paprikaschoten ohne Stege und Samen, halbiert • 1 EL Olivenöl • 2 Knoblauchzehen, gehackt • 200 g dänische Salami, erst in Scheiben, dann in dünne Streifen geschnitten • 500 g Farfalle • 1 Ei • 3 EL Olivenöl • 2 EL Zitronensaft • 1/2 TL Worcestersauce • Salz und Pfeffer, nach Geschmack • 25 g glatte Petersilie • 95 g Parmesan, gerieben

Für 4–6 Personen

DIE PAPRIKAHÄLFTEN mit der Hautseite nach oben unter den vorgeheizten Backofengrill legen und 8 Minuten grillen, bis die Haut schwarz wird und Blasen wirft. Mit einem Küchentuch abdecken und abkühlen lassen. Dann die Haut abziehen und das Fruchtfleisch in dünne Streifen schneiden.

ÖL IN EINER PFANNE bei mittlerer Temperatur erhitzen. Knoblauch und Salami 3–4 Minuten unter ständigem Rühren braten, bis die Salami knusprig ist. Auf Küchenpapier abtropfen lassen. Die Nudeln *al dente* kochen; abgießen und abkühlen lassen.

DAS EI in einen Topf mit kochendem Wasser geben. 1 Minute kochen lassen, dann aus dem Wasser nehmen, aufschlagen und in eine Küchenmaschine geben. Öl, Zitronensaft, Worcestersauce, Salz und Pfeffer hinzugeben und 10 Sekunden miteinander vermischen.

NUDELN, Paprika, Salami und Petersilie in einer großen Schüssel vermengen, mit Dressing beträufeln und mit Parmesan bestreuen. Sofort servieren.

Tagliatelle mit Raukepesto

500 g Tagliatelle • 1 EL Olivenöl • 150 g Pinienkerne • 2 große Bund Rauke • 100 g frische Minze • 125 ml Olivenöl • Salz und Pfeffer, nach Geschmack
Für 6 Personen

DEN BACKOFEN auf 180 °C vorheizen. Die Nudeln in einem großen Topf mit stark kochendem, gesalzenem Wasser *al dente* kochen. Abgießen, mit Öl vermengen und warm halten. Pinienkerne auf einem Backblech verteilen und 5 Minuten goldgelb rösten.

RAUKE UND MINZE 10 Sekunden in der Küchenmaschine zerkleinern. Pinienkerne und Öl hinzugeben und 20 Sekunden zerkleinern, bis die Mischung feingehackt und gut durchgemischt ist. Mit Salz und Pfeffer abschmecken.

DIE NUDELN auf einen Servierteller geben und mit Raukepesto garnieren. Nach Wunsch mit Parmesanspänen servieren.

Tomaten-Mozzarella-Torte

190 g Mehl • 100 g Butterflocken • 1 Ei • 1–2 EL kaltes Wasser • 5–6 Eiertomaten • 1 EL Olivenöl • Salz • 8 kleine Mozzarellakugeln (220 g), in Scheiben geschnitten • 6 Frühlingszwiebeln, gehackt • 2 EL gehackter frischer Rosmarin • Salz und Pfeffer, nach Geschmack

Für 6 Personen

MEHL UND BUTTER 10 Sekunden in der Küchenmaschine zu einem feinen und krümeligen Teig verarbeiten. Ei und Wasser in einer kleinen Schüssel miteinander vermischen, bei laufendem Motor nach und nach zu der Mehlmischung geben und kurz vermengen. Auf einer leicht bemehlten Arbeitsfläche zu einem glatten Teig kneten. Den Teig mit Frischhaltefolie abgedeckt 20 Minuten in den Kühlschrank stellen.

DEN BACKOFEN auf 210 °C (Gasherd: 190 °C) vorheizen. Den Teig auf einer bemehlten Arbeitsfläche ausrollen, so daß er in eine Tortenform mit 24 cm Ø paßt. Die Form mit dem Teig auskleiden und überstehende Ränder abschneiden. Ein Blatt Backpapier so zurechtschneiden, daß es den Teig bedeckt. Auf den Teig legen und gleichmäßig mit getrockneten Bohnen oder Reis bestreuen. 15 Minuten backen, dann Papier und Bohnen entfernen. Weitere 10 Minuten backen, bis der Teigboden hellgolden ist. Abkühlen lassen. Die Backofentemperatur auf 180 °C reduzieren.

DIE TOMATEN halbieren, mit Öl beträufeln und salzen. Mit der Schnittseite nach oben in eine Auflaufform geben und 15 Minuten backen. Dann die Tomaten ebenfalls mit der Schnittseite nach oben auf dem Tortenboden anrichten. Mozzarellascheiben und Frühlingszwiebeln zwischen den Tomaten verteilen und mit Rosmarin, Salz und Pfeffer bestreuen. 10 Minuten backen und vor dem Servieren 10 Minuten abkühlen lassen.

Käse-Kräuter-Strudel

Öl oder zerlassene Butter • 30 g Butter • 1 Tasse Frühlingszwiebeln, gehackt • 750 g frischer Ricotta • 200 g Gruyère, gerieben • 3 Eier, leicht geschlagen • 35 g Mehl • 2 TL frisch gemahlener schwarzer Pfeffer • 200 g Mandelblättchen • 12 g Thymianblätter • 12 g Dill, gehackt • 12 g Schnittlauch, gehackt • 16 Scheiben Filoteig oder Blätterteig • 3 EL Olivenöl • geröstete Mandelblättchen, nach Wunsch

Ergibt 2 Strudel

Den Backofen auf 210 °C (Gasherd: 190 °C) vorheizen. 2 Backbleche mit Öl oder zerlassener Butter einfetten. Butter in einem kleinen Topf zerlassen und die Frühlingszwiebeln 2 Minuten bei mittlerer Temperatur glasig dünsten.

Ricotta, Gruyère, Eier, Mehl, Pfeffer und Frühlingszwiebeln in einer Schüssel vermischen. Mandeln und Kräuter in einer zweiten Schüssel miteinander vermischen. Ein Teigblatt mit Öl bestreichen, gleichmäßig 1 EL der Kräutermischung darauf verteilen und mit einem zweiten Teigblatt bedecken. Währenddessen die anderen Teigblätter mit einem feuchten Küchentuch frisch halten. Den Vorgang wiederholen, bis die Hälfte des Teigs und die Hälfte der Kräutermischung verarbeitet sind.

Die Hälfte der Käsemischung auf die Mitte des Teigs geben und eine Teighälfte längs der Mitte über die andere falten. Die schmalen Seiten einschlagen. Den Strudel mit der Nahtseite nach unten auf das Backblech geben und mit dem zweiten Strudel genauso verfahren. Die Strudel 35 Minuten knusprig und goldgelb backen. Nach Wunsch mit gerösteten Mandelblättchen bestreuen.

Truthahnrollbraten mit Preiselbeer-Birnen-Sauce

1 kg tiefgekühlter Truthahnrollbraten, aufgetaut • 2 EL Öl • 20 g Butter, zerlassen ***• Preiselbeer-Birnen-Sauce:*** *4 mittelgroße Birnen • 30 g Butter • 250 ml Preiselbeersauce • 125 ml Portwein • 2 TL feingeriebene Orangenschale*
Für 6 Personen

DEN BACKOFEN auf 180 °C vorheizen. Den Truthahnbraten in Alufolie einschlagen und in einen Bräter geben. 40 Minuten braten, dann die Folie und das Garn entfernen; mit der mit Öl vermischten Butter bestreichen und weitere 20 Minuten goldbraun braten.

PREISELBEER-BIRNEN-SAUCE: Die Birnen schälen, entkernen und in dünne Scheiben schneiden. Die Butter in einem großen Topf zerlassen und die Birnen hineingeben. Bei mittlerer Temperatur in der Butter wenden, bis sie gerade weich sind. Preiselbeersauce, Portwein und Orangenschale hinzugeben und verrühren. Zum Kochen bringen, die Temperatur reduzieren und 15–20 Minuten köcheln lassen, bis die Birnenscheiben weich sind und die Sauce andickt. Warm zum aufgeschnittenen Truthahnbraten servieren.

Rinderfilet mit Tomaten-Oliven-Füllung

3/4 Tasse sonnengetrocknete Tomaten, mit ca. 1 EL des Öls, feingehackt • 180 g schwarze Oliven, entkernt und feingehackt • 50 g Basilikum, feingehackt • 1 kg Rinderfilet am Stück • 2 EL schwarzer Pfeffer, zerstoßen • 2 EL Olivenöl

Für 6 Personen

DEN BACKOFEN auf 210 °C (Gasherd: 190 °C) vorheizen. Tomaten, Oliven und Basilikum in einer kleinen Schüssel gründlich miteinander vermischen. Längs in das Filet eine 2,5 cm tiefe Tasche schneiden und die Tomaten-Oliven-Füllung hineindrücken. Das Filet gleichmäßig und fest mit Garn umwickeln, damit es während des Bratens die Form behält.

DAS FILET in Pfeffer wälzen und den Pfeffer fest andrücken. Öl in einem Bräter auf der Herdplatte erhitzen und das Fleisch bei großer Hitze rundherum gut anbräunen. Dann den Bräter in den Backofen geben.

DAS FLEISCH 40 Minuten braten, wenn es rosa bleiben oder etwa 55 Minuten braten, wenn es gut durch sein soll. Dabei regelmäßig mit Bratensaft übergießen. Aus dem Backofen nehmen, in Alufolie wickeln und über Nacht in den Kühlschrank stellen. Vor dem Aufschneiden das Garn entfernen. Nach Wunsch mit neuen Kartoffeln und gedünsteten jungen Möhren servieren.

Hähnchen mit Zitrussauce

1,4 kg Hähnchen • 1/2 Tasse Wildreis, gekocht • 60 g Mandelsplitter • 2 TL geriebener Ingwer • 2 TL frische Thymianblätter • 1 Ei, leicht geschlagen • 30 g Butter, zerlassen • Pfeffer, nach Geschmack • ***Zitrussauce:*** *6 frische Aprikosen, geschält, oder 1 Dose (425 g) Aprikosen, abgegossen • 2 mittelgroße Orangen • 2 Frühlingszwiebeln, feingehackt • 30 g Butter • 2 EL trockener Sherry • 125 ml Wasser • Salz und Pfeffer, nach Geschmack*
Für 6 Personen

DEN BACKOFEN auf 180 °C vorheizen. Das Hähnchen von Innereien und überschüssigem Fett säubern. Reis, Mandeln, Ingwer, Thymian und Ei vermischen und ins Körperinnere füllen. Die Beine mit Garn zusammenbinden. Das Hähnchen mit zerlassener Butter bestreichen, mit Pfeffer bestreuen und auf einem Grillrost in eine Fettpfanne stellen. 25 Minuten backen, bis klarer Saft austritt, wenn man das Fleisch mit einer Fleischnadel einsticht. Vor dem Tranchieren mit Alufolie bedecken und 10 Minuten an einem warmen Ort ruhen lassen. Nach Wunsch mit Bratkartoffeln servieren.
ZITRUSSAUCE: Die Aprikosen halbieren und fein hacken. Die Orangenschale fein abreiben. Die übrige Schale mit der weißen Haut entfernen und das Fruchtfleisch fein hacken. Die Frühlingszwiebeln 2 Minuten bei mittlerer Temperatur in Butter dünsten. Die Aprikosen zugeben und 5 Minuten unter gelegentlichem Rühren kochen lassen. Den Sherry zugeben und unter ständigem Rühren verdunsten lassen. Orangen und Wasser zufügen, zum Kochen bringen und 8 Minuten köcheln lassen. Mit Salz und Pfeffer abschmecken.

Kokoscreme brûlée

125 g feiner Zucker • 6 Eigelb • 400 ml Kokoscreme • 125 ml Sahne • 125 g feiner Zucker, zusätzlich
Für 4 Personen

ZUCKER UND EIGELBE mit dem elektrischen Handrührgerät dick und cremig schlagen. Kokoscreme und Sahne in einem kleinen Topf unter ständigem Rühren zum Kochen bringen. Beide Mischungen in ein Wasserbad stellen.
BEI GERINGER HITZE rühren, bis die Creme andickt und am Löffelrücken haftet. Die Creme auf 4 hitzebeständige Formen (mit je 200 ml Fassungsvermögen) oder auf 4 Souffléformen aufteilen und über Nacht in den Kühlschrank stellen.
DIE FORMEN 30 Minuten vor dem Servieren aus dem Kühlschrank nehmen und den Backofengrill vorheizen. Die Creme gleichmäßig mit Zucker bestreuen und grillen, bis der Zucker schmilzt und karamelisiert. Vor dem Servieren 5 Minuten abkühlen lassen.

Pfirsiche mit Cointreau-Glasur

6 mittelgroße Pfirsiche (800 g) • 4 EL Cointreau • 2 EL brauner Zucker • Muskatpulver, zum Bestäuben • 250 g Mascarpone
Für 6 Personen

EINEN GRILLROST mit Alufolie bedecken und die Folie leicht einfetten. Den Backofengrill vorheizen. Die Pfirsiche halbieren, entsteinen und mit der Schnittseite nach oben auf den Grillrost legen.
DIE PFIRSICHE mit Cointreau und Zucker besprenkeln und 5–8 Minuten im Backofen grillen, bis sie weich sind und sich eine goldgelbe Glasur gebildet hat.
SOFORT MIT MUSKATPULVER bestreuen und zusammen mit einem Schlag Mascarpone servieren.

Panettone mit Eiscremefüllung

375 ml Milch • 625 ml Sahne • 2 Vanilleschoten, längs aufgeschnitten • 95 g Zucker • 8 Eigelb • 1 Panettone • frische Erdbeeren, nach Wunsch
Für 6–8 Personen

MILCH UND SAHNE in einen Topf geben. Die Vanilleschoten zufügen, aufkochen lassen und vom Herd nehmen. Zucker und Eigelbe in einer Schüssel mit dem Schneebesen 1 Minute cremig schlagen. Unter ständigem Schlagen die Milchmischung zugeben.

DIE MISCHUNG wieder in den Topf geben und 5 Minuten bei geringer Hitze rühren, bis sie leicht andickt; nicht kochen lassen. Die Mischung auf ein Backblech gießen und abkühlen lassen. Die Vanilleschoten herausnehmen und das Mark direkt in die Mischung kratzen.

DAS BLECH mit Frischhaltefolie zudecken und 2–3 Stunden ins Gefrierfach stellen, bis die Eiscrememischung am Rand fest wird. Die Mischung in eine Schüssel füllen und mit dem elektrischen Handrührgerät glattschlagen. Wieder auf das Blech geben und im Gefrierfach fest werden lassen. Vom Panettone einen »Deckel« abschneiden und das Innere bis auf eine 2–3 cm dicke »Wand« herauslöffeln. Sorgfältig mit Eiscreme füllen. Den Deckel wieder aufsetzen, den Panettone aufschneiden und sofort, nach Wunsch mit frischen Erdbeeren, servieren.

Baiserbaum mit Früchten

Butter, zerlassen, • Maisstärke, gesiebt • 625 ml Schlagsahne, geschlagen • 200 g Frischkäse mit Erdbeeren • 8 Eiweiß • 625 g feiner Zucker • 500 g Erdbeeren, in dünne Scheiben geschnitten • 250 g frische Blaubeeren • 250 g frische Himbeeren
Für 8 Personen

Den Backofen auf 150 °C vorheizen. Mit Hilfe von Tellern jeweils einen 23 cm großen, einen 20 cm großen und einen 17 cm großen Kreis auf drei verschiedene Blätter Backpapier zeichnen. Drei Backbleche mit zerlassener Butter einfetten. Das Backpapier mit der Zeichnung nach unten auf die Bleche legen, einfetten und dünn mit gesiebter Maisstärke bestäuben.

Sahne und Frischkäse in einer kleinen Schüssel miteinander vermischen, zudecken und in den Kühlschrank stellen. Eiweiß und Zucker in einer Schüssel mit dem elektrischen Handrührgerät bei niedriger Geschwindigkeit 3 Minuten schlagen. Dann die Geschwindigkeit steigern und weitere 20 Minuten schlagen, bis die Mischung dick und glänzend ist. Den Eischnee mit einem flachen Messer auf den markierten Kreisen verteilen und die Ränder wellenförmig ausformen. Kleine Baisers 30 Minuten, größere 1 Stunde knusprig backen. Den Backofen abschalten und die Baisers bei angelehnter Backofentür abkühlen lassen.

Die unterste Baiserschicht auf einen Servierteller legen, mit der Hälfte der Erdbeersahne bestreichen und mit einem Drittel der Beeren belegen. Den Vorgang mit den restlichen Baiserschichten, der Sahne und den Beeren wiederholen.

Weihnachtsbaumplätzchen

125 g Butter • 80 g feiner Zucker • 60 g Ahornsirup • 1 Ei • 320 g Mehl • 1 TL Gewürzmischung • 1/2 TL gemahlener Zimt • 200 g harte Fruchtbonbons • 1 Eigelb, zusätzlich, leicht geschlagen
Ergibt etwa 35 Plätzchen

BUTTER, Zucker und Sirup in einer Schüssel mit dem elektrischen Handrührgerät leicht und cremig schlagen. Das Ei zufügen und gut verquirlen. Mehl und Gewürze in die Schüssel sieben und kurz mit einem Messer verrühren. Den Teig mit den Händen zu einer Kugel formen und auf einer leicht bemehlten Arbeitsfläche 1 Minute glattkneten. Den Teig auf 5 mm Dicke ausrollen und 20 Minuten in den Kühlschrank stellen.

DEN BACKOFEN auf 210 °C (Gasherd: 190 °C) vorheizen und 2 Backbleche mit Backpapier auslegen. Die Bonbons nach Farbe sortieren und zerkleinern. Jede Farbe in eine eigene Schüssel geben.

DEN TEIG mit großen Formen (ca. 8 cm lang) ausstechen. Die Plätzchen auf die Backbleche legen. Mit kleineren Formen die Plätzchenmitte ausstechen. Mit Eigelb bestreichen und 5 Minuten backen.

DIE BACKBLECHE aus dem Backofen nehmen und die ausgestochene Mitte der Plätzchen relativ hoch mit den zerkleinerten Bonbons in einer Farbe oder mehreren Farben füllen. Die Plätzchen weitere 5 Minuten backen, damit die Bonbons schmelzen und die Löcher ausfüllen. Vor dem Ablösen vom Papier abkühlen lassen. Den Vorgang mit dem restlichen Teig wiederholen.

HINWEIS: Damit man die Plätzchen aufhängen kann, stechen Sie vor dem Backen mit einem Holzspieß ein Loch durch die Plätzchenspitze. Nach dem Abkühlen fädeln Sie ein Band durch das Loch.

Schoko-Kirsch-Biscotti

Öl oder zerlassene Butter • 3 Eiweiß • 125 g feiner Zucker • 125 g Mehl • 50 g ganze Haselnüsse, ohne Schale • 100 g kandierte Kirschen • 125 g dunkle Schokoladenglasur, gehackt

Ergibt etwa 40 Biscotti

DEN BACKOFEN auf 180 °C vorheizen und eine Kastenform (26 cm x 8 cm x 4,5 cm) mit Öl oder zerlassener Butter einfetten. Boden und Wände mit Backpapier auslegen und das Papier einfetten. Das Eiweiß in einer Schüssel mit dem elektrischen Handrührgerät steifschlagen. Nach und nach unter ständigem Schlagen den Zucker hinzugeben, bis die Mischung dick und glänzend ist und der Zucker sich aufgelöst hat.

DIE MISCHUNG in eine große Schüssel umfüllen und mit einem Metalllöffel das gesiebte Mehl, die Haselnüsse und die Kirschen unterheben. In die vorbereitete Form geben und die Oberfläche glattstreichen. 25 Minuten backen, aus dem Ofen nehmen und in der Form auskühlen lassen. Dann aus der Form heben, in Alufolie wickeln und über Nacht in den Kühlschrank stellen. Den Backofen auf 160 °C vorheizen und ein Backblech mit Backpapier auslegen. Den Kuchen mit einem scharfen Brotmesser in (etwa 40) dünne Scheiben schneiden. Die Scheiben auf dem vorbereiteten Backblech ausbreiten und 40 Minuten hellgolden und knusprig backen. Aus dem Backofen nehmen und auf dem Blech auskühlen lassen.

DIE SCHOKOLADE in eine mittelgroße hitzebeständige Form geben. Die Form in ein köchelndes Wasserbad stellen und die Schokolade rühren, bis sie geschmolzen ist. Aus dem Wasserbad nehmen und etwas abkühlen lassen. Jedes Biscotti zur Hälfte in die flüssige Schokolade tauchen und auf Backpapier fest werden lassen.

Ingwer-Frucht-Bonbons

85 g Macadamianüsse, gehackt • 185 g getrocknete Feigen, gehackt • 1/2 Tasse kandierter Ingwer, gehackt • 10 frische Datteln, entkernt und gehackt • 20 Scheiben Filoteig oder Blätterteig • 100 g Butter, zerlassen
Ergibt 10 Stück

DEN BACKOFEN auf 180 °C vorheizen und ein Backblech einfetten. Die Macadamianüsse in einer Lage auf ein anderes Backblech geben, 5 Minuten goldgelb rösten und abkühlen lassen. Feigen, Ingwer, Datteln und Macadamianüsse in einer Schüssel gründlich miteinander vermischen.

EINE SCHEIBE FILOTEIG auf die Arbeitsfläche legen, mit zerlassener Butter bestreichen und mit einer zweiten Scheibe belegen. Die Hälfte der Scheibe mit Butter bestreichen, dann in der Mitte falten und erneut mit zerlassener Butter bestreichen.

VON DER FRÜCHTEMISCHUNG 1/4 Tasse abmessen und zu einer 8 cm langen Rolle formen. Auf den Teig legen und einrollen. Gut mit zerlassener Butter bestreichen und die Enden vorsichtig zusammendrücken, so daß eine Bonbonform entsteht. Locker mit Küchengarn umwickeln, damit das Bonbon seine Form behält. Auf das vorbereitete Backblech legen und den Vorgang mit den restlichen Zutaten wiederholen.

DIE BONBONS 20 Minuten goldgelb backen. Dann vorsichtig das Garn entfernen und durch grünes Geschenkband ersetzen. Warm oder bei Raumtemperatur servieren.

Leckere selbstgemachte Weihnachtsgeschenke

Füllen Sie für den Kaffeeliebhaber **Schoko-Kirsch-Biscotti (Rezept Seite 60)** in eine schöne Tasse mit Untertasse.

Panforte (Rezept Seite 39) auf einem dekorativen Glasteller in Klarsichtfolie verpackt ist ein edel wirkendes Geschenk. Ein Organzaband mit Drahtkanten, erhältlich in Hobbygeschäften, unterstreicht diesen Eindruck noch.

Backen Sie **Fruit Mince Pies (Rezept Seite 19)** auf einem neuen, glänzenden Backblech, und verpacken Sie sie in ein kariertes Küchentuch.

Früchtetrüffel (Rezept Seite 20) wirken in einer mit Papier ausgelegten und mit einer Schleife versehenen Geschenkbox sehr ansprechend.

Suchen Sie in Hobbygeschäften und Großhandlungen nach preiswerten kleinen Eimern, so wie diesen, und füllen Sie sie mit **Schoko-Nuß-Würfeln (Rezept Seite 21)**.

REGISTER

Es gelten die üblichen Maße in Gramm und Liter. Des weiteren wird die Maßeinheit Tasse – mit einem Fassungsvermögen von 250 ml – verwendet. Die in den Rezepten verwendeten Eier wiegen durchschnittlich 60 g. Die Dosengrößen sind bei jedem Hersteller verschieden, verwenden Sie daher die Größe, die der im Rezept angegebenen am nächsten kommt.

Maßeinheiten und Abkürzungen

EL	= Eßlöffel
Dse.	= Dose
Min.	= Minute/n
Msp.	= Messerspitze
Pers.	= Personen
Std.	= Stunde/n
TL	= Teelöffel
Tse.	= Tasse/n
TK	= Tiefkühlkost

Original title: Christmas Recipes

Übersetzung aus dem Englischen: Wolfgang Beuchelt
Redaktion und Satz: Regine Ermert
Projektkoordination: Sylvia Hecken
Druck und Bindung: Sing Cheong Printing Co., Ltd.
Printed in Hong Kong, China
ISBN 3-8290-0045-6

10 9 8 7 6 5 4 3 2 1